工薪族 稳健投基法

{ 指数基金投资 从入门到精通 }

刘　柯◎编著

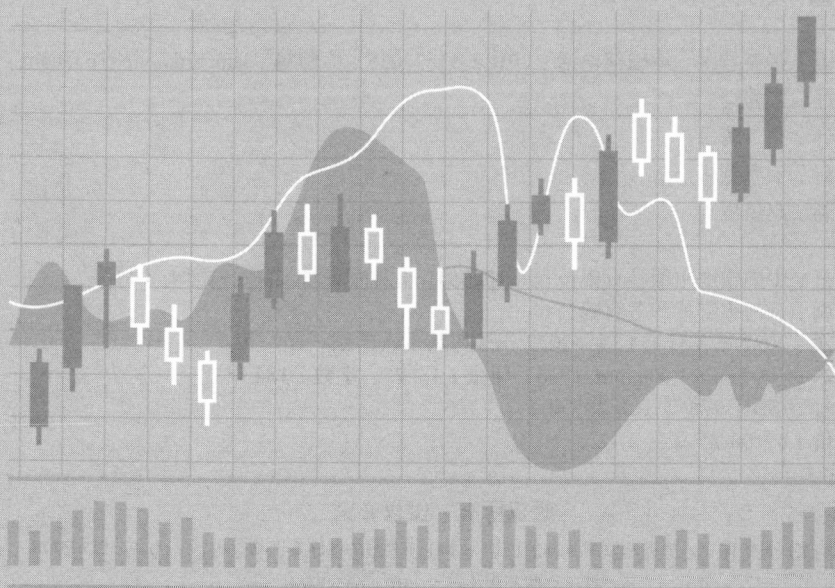

中国铁道出版社有限公司
CHINA RAILWAY PUBLISHING HOUSE CO., LTD.

内 容 简 介

　　这是一本专门介绍指数基金的理财类书籍。指数基金是一种比较适合工薪族理财的投资工具，它的出现使得空闲时间少、闲钱不多、经验不多及专业知识欠缺的工薪族也可以进入市场投资理财。该书共七章，分为三部分，包括指数基金的基础性内容、投资策略与技巧及投资技能提升。

　　该书主要针对的是有理财想法或需求的工薪族，对于其他想要通过理财实现稳定收益的人群、想要了解指数基金投资的人群也同样具有参考价值。

图书在版编目（CIP）数据

工薪族稳健投基法：指数基金投资从入门到精通／刘柯编著．—北京：
中国铁道出版社有限公司，2022.3
　ISBN 978-7-113-28590-6

　Ⅰ.①工… Ⅱ.①刘… Ⅲ.①指数-基金-投资 Ⅳ.①F830.59

　中国版本图书馆 CIP 数据核字（2021）第 241129 号

书　　名：工薪族稳健投基法：指数基金投资从入门到精通
　　　　　 GONGXINZU WENJIAN TOUJIFA：ZHISHU JIJIN TOUZI CONG RUMEN DAO JINGTONG
作　　者：刘　柯

责任编辑：张亚慧　　　编辑部电话：（010）51873035　　　邮箱：lampard@vip.163.com
编辑助理：张秀文
封面设计：宿　萌
责任校对：安海燕
责任印制：赵星辰

出版发行：中国铁道出版社有限公司（100054，北京市西城区右安门西街 8 号）
印　　刷：三河市宏盛印务有限公司
版　　次：2022 年 3 月第 1 版　　2022 年 3 月第 1 次印刷
开　　本：700 mm×1 000 mm　1/16　印张：13.75　字数：184 千
书　　号：ISBN 978-7-113-28590-6
定　　价：69.00 元

前言

随着人们理财意识的逐渐增强，越来越多的工薪族也意识到理财并非某一类人群的事，只要具备理财的想法，任何时候、任何人都可以理财。那么，作为工薪族应该如何开展理财呢？

工薪族做理财投资，首先需要了解自己，从自己的一些实际特点出发，选择与自己需求匹配的投资理财工具，这样才能事半功倍。工薪族理财通常有以下三个比较突出的特点：

一是工资收入为主要收入来源，虽然工资可能不高，但是每月固定。

二是工作比较繁忙，工作时间比较长，不能花费大量的时间和精力在理财投资上。

三是大部分工薪族缺乏专业投资知识和丰富的投资经验。

以上三点是工薪族理财比较常见的特点，也是阻碍工薪族理财的挡板。但是，市场上有这么一类投资理财产品，它的投资门槛很低，可以满足月薪工薪族的投资需要；而且它不需要投资者掌握太多的投资技巧，以长线持有为主要投资策略，所以，也不需要投资者花费大量的时间和精力来对其进行管理，它就是指数基金。

指数基金是以特定指数为标的指数，并以该指数的成分股为投资对象的基金，其目的在于追求与该指数同样的收益水平。这样的被动型投资方式风险较低，也降低了投资难度，比较适合工薪族。

全书共七章，可大致划分为三部分：

◆ 第一部分为第 1~3 章，是指数基金的基础性内容，主要包括指数基金的基础知识、指数基金的买卖技能及一些比较特殊的指数基金介绍。通过这部分的学习，读者可以对指数基金有一个比较清晰地认识，了解指数基金是怎么一回事儿。

◆ 第二部分为第 4～6 章，是从投资策略与技巧的角度来对指数基金进行介绍，包括指数基金的多种策略投资法、指数基金定投法及指数基金组合投资法。不同的投资法有不同的优势，适合不同的投资者。

◆ 第三部分为第 7 章，是本书的最后一部分，主要是一些知识和技能补充介绍，目的在于通过这些内容帮助投资者实现更稳健的投资。

为了帮助工薪族深入了解指数基金，书中由浅及深地为读者介绍了指数基金投资的相关内容。另外，书中还加入大量的实例、示意图和表格，既能增加阅读的趣味性，也方便读者快速理解。

最后，希望所有读者都能从该书中学到想学的指数基金相关知识，早日上手自主理财，最终在投资市场中实现获利。

编 者

2021 年 12 月

目录

第1章 指数基金投资前需了解的硬核知识

指数基金是缺乏投资经验的小白投资者开启基金投资的最好方式之一，它简单方便、容易理解，更方便执行，对于渴望获得高收益率的投资者，即便没有丰富的经验，也能够通过学习，快速找到投资诀窍。但是，在这之前，投资者需要掌握一些指数基金的硬核知识。

第 2 章　指数基金投资必会的买卖技能

指数基金虽然属于基金投资中的一个品种，但它在投资交易方面与普通的基金投资存在差异。因此，投资者不能简单地以常规的基金投资法来投资指数基金。

第 3 章 指数基金中特殊的 ETF 和 LOF

为了迎合更多不同投资需要的投资者，市场中出现了一些比较特别的指数基金，例如 ETF 基金和 LOF 基金，了解这些指数基金及其特点可以帮助投资者更好地实现投资增收的愿望。

第 4 章　指数基金投资要讲究策略

很多人对指数基金存在误解，认为指数基金作为被动型基金不需要投资技巧和策略，只要选择好基金买进即可。其实不然，指数基金投资也讲究策略，不同的投资策略带来的投资回报是不同的。

第 5 章　更适合懒人的指数基金定投法

时机一直是许多投资者最头痛的问题，尤其是对一些缺乏经验的投资者来说更是丈二和尚摸不着头脑。但是有一种投资方法却可以降低择时的风险，它就是定投，只要固定时间投资即可。

第6章　构建指数基金投资组合风险更低

除了单一的指数基金投资之外，投资者还可以搭建基金组合，这样不仅可以使投资更平衡，还可以分散风险，使投资的风险更低。而且以组合的方式进行投资，在收益率方面也比单一基金投资收益更稳定。

第7章 提升投资技能让投资更稳健

在实际的指数基金投资过程中也存在一些投资技巧，了解并掌握这些实用技巧非常重要，既可以少走弯路，误入投资陷阱，也能使投资更稳健，进一步提高投资收益。

第1章

指数基金投资前需了解的硬核知识

　　指数基金是缺乏投资经验的小白投资者开启基金投资的最好方式之一，它简单方便、容易理解，更方便执行，对于渴望获得高收益率的投资者，即便没有丰富的经验，也能够通过学习，快速找到投资诀窍。但是，在这之前，投资者需要掌握一些指数基金的硬核知识。

- ○　基金是怎么回事儿
- ○　什么是指数
- ○　指数基金如何运作的
- ○　指数体系的分类
- ○　资产类别下的指数基金类型
- ○　……

1.1 明确"指数 + 基金 = 指数基金"

指数基金就是指数型的基金，所以我们想要理解指数基金，实际上可以从"指数"和"基金"两个概念来分别对其进行认识，这样可以更直观地明白指数基金是怎么一回事儿。

1.1.1 基金是怎么回事儿

基金是指出于某种目的而设立的具有一定数量的资金，这部分资金具有特定的目的和用途，常见的基金包括公积金、保险基金、养老基金及信托基金等。

我们在理财投资中提到的基金通常是指证券投资基金，它是一种间接的证券投资方式，基金管理公司发行基金份额，通过投资者购买基金份额的方式集中投资者的闲散资金，由基金托管人进行托管，再由基金管理人管理和运作资金，从事股票、债券等金融工具投资，投资者共担风险，共享收益。图 1-1 所示为基金的运作示意。

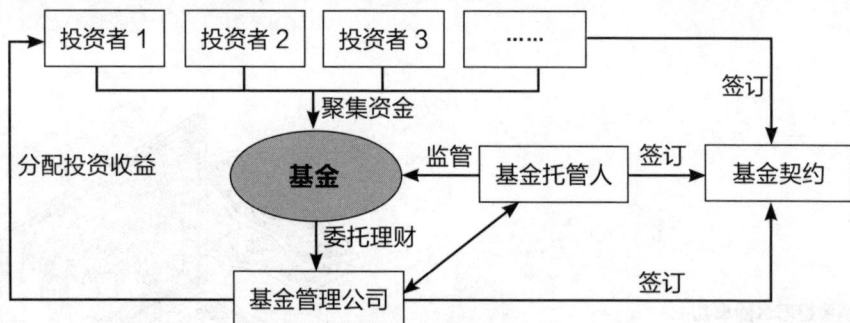

图 1-1 基金运作

从上图可以看到，一只基金的运作离不开三个关键当事人，且各自在其中扮演着不同的角色。

投资者。购买基金份额，为基金提供原始资金，并成为基金持有人。

购买基金相当于投资者与基金公司签订了一份委托协议，即投资者委托基金公司进行投资，以便为投资者赚取高额收益。

基金管理公司。也就是基金公司，通过设立基金来吸引广大投资者的闲散资金，并负责基金资产的投资运作，在合理的风险范围内为投资者争取最大的投资收益。

基金托管人。负责保管资金并监管投资的机构，因为《证券投资基金法》规定：基金资产必须由独立于基金管理人的基金托管人保管，以便职权分散，保护投资者利益。

我们可以这样来理解基金：大量缺乏投资经验的投资者，将资金聚集起来交给专业的基金管理公司，让其帮助投资理财，使资金实现增值，基金管理公司则收取相应的服务管理费。为了避免基金管理公司挪用资金，引入资金监管机构，即基金托管机构对基金资产进行监督管理。

总的来看，基金是一种以委托关系展开的间接理财，非常适合缺乏专业投资经验，但又想通过投资理财实现资产增值的投资者。

1.1.2　什么是指数

我们在日常的投资中经常会看到各种各样的指数，例如上证指数、深证指数和中证指数等，那么，这些指数具有什么意义，它们是怎么来的呢？

这里说的指数其实是股票指数，实际上是股票的价格指数，但不是一只股票的价格指数，而是一揽子股票通过某种方式计算出来的综合价格指数。

我们知道股票价格瞬息万变，投资者想要了解某一只或几只股票价格的变化比较容易，但是如果投资者要了解几十、数百只股票价格的变化就比较困难。为了解决这一问题，满足更多投资者的实际需要，一些金融服务机构就编制出股票价格指数，并公开发布，作为市场价格变动的指标。

投资者可以通过该指数来指导投资决策，预测股票市场的价格走向。

由于股票指数计算复杂，同时股票种类众多，所以，人们常常从上市股票中选择若干种具有代表性的样本股票，并计算这些样本股票的价格平均数或指数，用于表示整个市场的股票价格总趋势及涨跌幅度。

例如，上证指数就是以上海证券交易所挂牌上市的全部股票（包括A股和B股）为样本，以发行量为权数（包括流通股本和非流通股本），以加权平均法计算得出的综合股价指数。所以，上证指数3 500点指上证指数股价平均数为3 500。

股票指数的计算比较复杂，在实际的投资中也不会计算，所以，投资者不必掌握，只需要了解指数的意义和作用即可。

1.1.3 指数基金如何运作的

了解了基金和指数之后，就可以进一步来了解指数基金。指数基金是以特定的指数为标的指数，并以该指数的成分股为投资对象，通过购买该指数的全部或部分成分股构建投资组合，以追踪标的指数表现的基金产品。

我们可以这样理解，证券市场中的股票有很多，许多投资者尤其是一些新手投资者筛选股票时总是难以做出决定。此时，一些基金公司就为这样的投资者提供了投资组合，而这些投资组合就是指数基金。如果投资者看好一个行业，或者看好一个板块，不用单独选择一只或多只股票，只要选择对应的指数基金即可，这样就等于购买了一篮子的股票来达成自己的投资目的。

指数基金的运作过程相比其他类型的基金会更简单，主要包括以下几个步骤：

①**选择目标指数作为标的。**市场中的指数有很多，不同指数具有不同的风格和不同的收益。所以，先根据自身对风险和收益的要求选择目标指数。

②**构建证券组合**。在确定了标的指数之后就可以构建对应的投资组合，按照一定的比例买入标的指数中的各类证券。

③**组合权重的及时调整**。通常来说，标的指数的成分会因为新股的加入和原有股票的增配等情况而引起标的指数中的各成分股权重发生改变，所以，指数基金也需要及时做出相应的调整，保持基金与指数权重的一致性。

④**对跟踪误差进行调整、监控**。跟踪误差是指数基金收益和对应标的指数收益之间的差异，受交易成本及交易制度的限制。指数基金收益和标的指数收益不可能完全一致，这个时候就需要基金管理人及时度量、检测，确保差异在一定的范围之内。

有一些投资者对指数基金的运作存在一些误解，认为指数基金运作方法非常简单，只要确定了一个标的指数之后就可以完全根据该指数的构成来确定购买对象和购买比例，被动地构建投资组合，并保持这种组合长期不变即可，甚至认为不需要基金管理人对其进行管理。

实际上，因为市场中存在交易成本和指数跟踪时滞等因素，任何类型的指数基金都不能与标的指数的收益保持高度一致。因此，指数基金仍然需要专业的基金管理人对其进行管理，并对跟踪误差进行调整、监控。

1.1.4　指数体系的分类

通过前面的介绍，我们知道指数基金的目标实际上就是复制股票指数，所以，投资者只要清楚了股票指数的类型，那么，自然就能够清楚指数基金的分类。

股票指数的分类规则有很多，实际应用比较多的是将其分为六大类，具体如下：

（1）综合指数

综合指数反映的是整体市场的综合变动情况，用于比较总量指标，例如上证综指、深证综指及创业板综指，分别反映的是上海股票市场价格走势、深圳股票市场价格走势及创业板股票市场的价格走势。

（2）规模指数

规模指数是从股票市值规模角度选择不同成分股数量，更好地反映不同板块大、中、小市值股票的走势情况。例如沪深 300、中证 500 和中证 1000 三只指数。沪深 300 是大盘股，中证 500 是排除沪深 300 之后的中盘股，中证 1000 是排除沪深 300 和中证 500 之后的小盘股，所以，三只指数分别代表 A 股市场大盘、中盘及小盘市值股票的走势情况。

（3）风格指数

风格指数是指反映市场上某种特定风格或投资特征的指数。风格指数主要包括两个类型：价值和成长、大盘和小盘，这类指数基金数量和规模均很小，其中最有名的是沪深 300 价值指数，规模虽然不大，却在市场中很受专业投资者的欢迎。

（4）行业指数

行业指数是指反映各个行业行情涨跌情况的指数指标，例如能源指数、原材料指数、工业指数、主要消费指数、医药卫生指数、金融地产指数及公用事业指数等。

（5）主题指数

主题指数是指反映某一特定的投资主题的指数，主题指数的内容很丰富，各种类型的主题都有，基金数量也较多。常见的主题指数如环保指数、养老指数、国企改革指数、"一带一路"主题指数、京津冀协同发展主题指数等。

（6）策略指数

策略指数通常是以普通规模指数为基础池，根据某种选股策略从基础池中优选成分股构成新的指数，期望能获取超越基准规模指数的收益。常见的策略指数如大数据指数、基本面指数、中证 500 低波指数等。

1.2　认识指数基金的品种

从 2002 年 A 股第一只指数基金诞生至今，已经发展了近 20 年的时间，不仅市场中的指数基金数量得到大幅提升，指数基金的种类也越来越丰富。我们做指数基金投资就必须对其种类进行详细了解。

1.2.1　资产类别下的指数基金类型

指数基金按照资产类别的不同进行划分，可以将其分为股票指数基金、商品指数基金和债券指数基金。

◆　股票指数基金

股票指数基金指的是跟踪标的为股票指数走势的一类基金，例如跟踪沪深 300、上证 50、中证 500 及中小板等指数类型的基金。在所有的指数基金类型中，大家接触最多的就是股票指数基金。

股票指数基金是指按照某种指数构成的标准购买该指数包含的证券市场中的全部或者一部分证券的基金，其目的在于达到与该指数同样的收益水平。例如，上证综合指数基金的目标在于获取和上海证券交易所综合指数一样的收益，所以，上证综合指数基金就按照上证综合指数的构成和权重购买指数里的股票，相应地，上证综合指数基金的表现也会像上证综合指数一样波动。

股票指数基金的最大优势在于分散风险，由于股票指数基金的投资为一篮子股票分散投资，所以，任何单只股票的波动都不会对指数基金的整体表现构成影响，从而达到分散风险的目的。此外，由于指数基金盯住的指数一般都具有较长的历史可以追踪，所以，在一定程度上指数基金的风险是可以预测的。

◆ 商品指数基金

商品指数基金指的是跟踪商品指数走势的一类基金，例如，跟踪黄金、白银、原油等指数类型的基金。

商品指数基金对商品市场的投资主要是投资与商品相联系的衍生金融工具，例如，商品期权、商品期货等，不会直接投资现货商品。采取的投资策略是根据所跟踪的商品指数包含的一篮子商品期货中不同品种的权重买入并持有商品期货。

例如，华夏饲料豆粕期货 ETF 基金（159985），该基金为商品指数基金，以交易所挂牌交易的商品期货合约为主要投资标的，基金的跟踪标的为大连商品交易所豆粕期货价格指数，业绩比较基准为大连商品交易所豆粕期货价格指数收益率。投资目标为紧密跟踪标的指数，追求跟踪偏离度和跟踪误差最小化，以实现豆粕期货价格指数收益。

◆ 债券指数基金

债券指数基金指的是跟踪债券指数走势的一类基金，例如跟踪 10 年期国债、5 年期国债及信用债等指数类型的基金。

因为债券指数基金的跟踪标的为非常稳定的债券指数，且采用分散的方式进行投资，在个债变动上比较灵活，有效地降低了个债下跌对整个投资组合的影响，将风险降到最低，指数债券基金的风险通常低于传统债券基金，仅比货币市场基金要高一些。所以，债券指数基金具有风险小、收益稳定的特点，比较适合对收益有一定追求，同时又厌恶风险的投资者。

需要注意的是，债券指数基金中，因为购买的债券类型不同，对应的投资风险也不同。比如中证可转债指数基金买的是可转债，而信用债指数基金买的都是信用债，而广发中债 7~10 年国开债指数买的是国开债。

1.2.2　根据交易方式来划分

公募基金根据交易方式来进行划分，可以分为封闭式基金和开放式基金，指数基金同样按照交易方式进行划分，也可以将其分为封闭式指数基金和开放式指数基金。

封闭式指数基金是指在存续期内（一般为 15 年）不可以申购或赎回，规模固定的基金。投资者在基金发行时认购的基金份额，只能在交易所按照市场供求决定的价格卖出。但如果投资者在基金发行时没买入，后来又想买了，就只能在交易所按市价买入，这个市价与基金的净值是一样的。通常封闭式基金的市价是低于净值的，存在一个折价，如果折价率是30%，相当于投资者以 7 折的价格购买了基金。

开放式指数基金指基金发起人在设立基金时，基金单位或股份规模不固定，可视投资者的需求，随时向投资者出售基金单位或者股份，并可以应投资者的要求赎回发行在外的基金单位或者股份的一种基金运作方式。投资者既可以通过基金销售机构购买基金，使得基金资产和规模相应地增加，也可以将所持有的基金份额卖给基金公司并收回现金，使得基金资产和规模相应地减少。

开放式指数基金包括普通型指数基金、ETF 指数基金和 LOF 指数基金。对于这三类指数基金，可以通过交易方式来进行区分，具体如下：

①如果只能在场内交易，就是 ETF 基金。

②如果只能在场外交易，就是普通型指数基金。

③如果既能在场外交易也能在场内交易，就是 LOF 基金。

1.2.3 按照投资标的范围划分

将指数基金按照投资标的的范围进行划分，可以将其分为宽基指数基金和窄基指数基金。

（1）宽基指数基金

宽基指数基金是从整个市场中选择标的指数，具有覆盖面广泛的特点，它不会偏爱某个行业或主题，所以，宽基指数基金的成分股数量往往较多，单只个股的权重较低，根据规定宽基指数基金当中单只股票权重不得超过30%，五只权重最大的股票的累积权重不能超过60%。这种分散风险的投资方式，使成分股权重不会过于集中，投资目标也更为广泛。常见的宽基指数包括沪深300指数、中证500指数及创业板指数等。

对于大部分投资者来说，宽基指数基金是指数基金新手投资者最容易入门的一个品种，因为它覆盖面比较广泛，风险较分散，所以，投资者踩雷的概率更低，投资风险也更低。

（2）窄基指数基金

窄基指数基金是指针对某一行业，某一领域专门推出的指数基金产品，比如农业、新兴产业、油气等具有行业性特征的指数基金，所以，窄基指数基金通常是行业指数基金或者主题指数基金。

从上述内容我们可以知道，宽基指数基金覆盖面更广，投资更稳健，风险更低，适合风险承受能力较低的稳健型投资者，而窄基指数基金则更集中在某一个行业或主题，投资更集中，所以，风险更大，收益率波动也更大，潜在的收益率也更高。

1.2.4 通过投资策略来划分

根据指数基金投资策略的不同对指数基金进行划分，可以将其分为完全复制型的指数基金和增强型的指数基金。

（1）完全复制型的指数基金

完全复制型的指数基金从概念上来看，它是指以跟踪指数的成分股为投资对象，通过购买该指数的全部或部分成分股构建投资组合，力求获得和跟踪指数一样收益的基金。

可以这样理解，完全复制型的指数基金其实属于完全意义上的指数基金，它的目的在于完全复制和跟踪目标指数，所以，这种指数基金只是根据标的指数成分股及其权重来配置、调整，虽然会因为投入比例变化与实际指数走势有所偏离，但差距是微小的。因此，完全复制型的指数基金与追踪指数的符合度是最高的。

（2）增强型的指数基金

增强型的指数基金就是在原有跟踪指数的基础上，通过基金管理人的主动管理，例如，适当加入一些自己看好的股票，或者是增加一些股票的持仓比例，又或者是减少一些股票的持仓比例，以期望能够获得高于原来指数回报水平的收益。

但在实际投资中，影响收益的因素很多，所以，这类指数基金并不一定能有超越指数的表现。

总的来看，完全复制型指数基金就是 100% 跟踪指数的走势，追求指数收益，而增强型指数基金会在原本追踪指数的基础上，基金管理人鉴于自己的投资经验和专业知识，加入一些主动管理操作，期望获得高于指数收益水平的回报。

所以，两类基金，一个比较传统，一个更主动开放。对于投资者来说，完全复制型指数基金更稳健，更适合防守，风险更低，而增强型指数基金的不确定因素更多，风险更高，但收益率也可能会更高。

1.3 基金品种那么多，为什么投资指数基金

在基金市场中，基金的种类有很多，例如，股票型基金、债券型基金、货币型基金及混合型基金等，但是在众多的基金种类中，指数基金仍然是众多投资者的第一选择，这是为什么呢？下面来具体看看。

1.3.1 指数基金透明度更高

指数基金与主动型基金最大的区别在于高透明度，这种高透明度能给投资者带来强烈的安全感。指数基金的透明性体现在以下几个方面：

◆ 投资策略透明

指数基金的投资策略非常透明，即追踪目标指数，并以该指数的成分股为投资对象，构建投资组合，实现指数收益。

为了实现这一目的，指数基金会编制明确的投资方案，包括选股规则、买入和卖出逻辑等，投资策略清晰、透明，不仅避免了过度依赖基金经理，也便于投资者根据一些具体的投资方法对指数基金进行分析及通过指数基金进行资产配置。

◆ 业绩透明度高

指数基金的业绩与跟踪的目标指数直接相关，投资者只要查看目标指数的涨跌情况就可以大致判断出自己投资的那只指数基金的净值变动情况及收益情况。

◆ 监管严格安全透明

指数基金是国内可靠的、正规的、安全的投资理财产品，它受到证监会的严格监管，资金全程都在银行托管，安全性强。指数基金的运作透明度高，无论投资者是通过银行、证券市场还是基金公司购买指数基金，都不会出现卷款出逃的情况。

◆　信息透明度高

指数基金的大部分信息都是公开发布的，如指数编制公司会将成分股入选的标准、指数计算的标准、调整的标准等明确公告，基金公司也会定期公开基金资产组合情况，甚至实时的指数点位都可以从各种行情系统中查询到。这样程度的信息透明，使投资者能够更准确地了解指数基金的动态变化，掌握自己的投资实况。

1.3.2　花费的投资成本更低

在任何投资活动中，投资成本都是投资者开展投资的一个重要考虑因素，因为投资收益的高低与投资成本息息相关。而指数基金因为采用的是指数跟踪策略投资法，所以，相较于主动型基金来说，基金管理人不需要花费大量的时间和精力来选择投资工具，把握买入卖出的时间，这就在很大程度上降低了基金的管理费用。因此，相比其他品种的基金，指数基金的投资成本更低。

通常来说，主动型基金的管理费为 1.5% 每年，而指数基金的管理费为 0.5% 每年，甚至个别的指数基金管理费低至 0.15%，例如，易方达沪深300ETF 联接 A。

虽然主动型基金与指数基金的管理费仅相差 1%，看起来并不高，但是如果长期投资，在复利的影响下，则会产生不小的收益差别。因此，指数基金的低成本投资是其亮眼的优势之一。

1.3.3　辞旧换新实现长久生存

每一家企业都有生命周期，会经过萌芽期—成长期—成熟期—衰退期这几个阶段，相应的，我们购买一家优秀企业的股票也不能够保证它会永远存在或上涨。

我们要明白一个道理：作为普通投资者往往难以在众多的股票中选择到优质的股票，甚至可能会买到问题股票，出现退市风险，公司都不一定能存续。但是指数则不同，它可以长久地生存下来。

这是因为指数每年会更新一次成分股，将其中不符合条件的个股移除，重新纳入符合条件的公司股票，这就使得指数天然具有自动新陈代谢的功能，也就是调仓。

指数调仓指的是指数定期调整自己的成分股，即所有的指数都是按照一定的规则，选取特定的股票样本编制而成的，而指数公司会在每年固定的时间根据规则对股票样本进行审核，将其中不符合规则的股票进行剔除，然后添加新的成分股。

例如，沪深 300 指数就是挑选市场中上市规模最大的 300 只股票作为样本编制而成，但是随着时间的流逝，个股涨跌变化，其中的一些股票可能规模会变小，进不了前 300 名，而另外一些股票的规模会变大，重新进入前 300 名中。沪深 300 指数为了保证选择的股票样本都是前 300 只股票，就需要定期对其进行调整。

指数调仓的这个过程实际上就是一个"新陈代谢，吐故纳新"的过程。因为指数基金跟踪的目标指数做了调仓处理，所以，为了降低追踪误差，指数基金也会对相应的投资标的进行调整，这种不断吸收新股票、替换老股票的做法，使得指数基金能保持自身的活力，实现长久生存。

第2章

指数基金投资必会的买卖技能

指数基金虽然属于基金投资中的一个品种，但它在投资交易方面与普通的基金投资存在差异。因此，投资者不能简单地以常规的基金投资法来投资指数基金。

- ○ **如何查询指数信息**
- ○ **从指数编制规则角度来筛选指数**
- ○ **从指数成分股的角度来筛选指数**
- ○ **根据基金规模大小来选择**
- ○ **选择指数拟合度高的指数基金**
- ○ **……**

2.1　选择一个好的指数

指数基金属于被动投资，与基金经理的投资能力关系不大，其投资的关键在于跟踪的目标指数，投资者如果能够选择到优质指数，相应地，指数基金的表现也不会太差。

2.1.1　如何查询指数信息

在指数基金投资中，目标指数是重要的投资信息，投资者进行指数基金投资首先需要了解基金跟踪的指数的相关信息，否则投资就会变得不明不白，这需要投资者懂得查询指数信息。

查询指数信息的方法有很多，这里介绍一种主动的查询渠道，即通过金融指数提供商查询。

以中证指数有限公司为例，中证指数有限公司是由上海证券交易所和深圳证券交易所根据中国证券监督管理委员会主席办公会议精神共同出资发起成立的一家专业从事证券指数及指数衍生产品开发服务的公司。

通过中证指数有限公司的官网可以轻松查询到中证系列指数、上证系列指数及深证系列指数等指数信息，内容非常全面，查询非常便捷。下面以消费行业指数为例，具体来看看如何查询指数详情。

实例分析

通过中证指数有限公司查询消费行业指数

进入中证指数有限公司官网首页（http://www.csindex.com.cn/），在搜索文本框中输入想要了解的指数名称，这里输入"消费行业"文本，单击搜索按钮，如图2-1所示。

图 2-1　输入想要查询的指数名称

　　页面跳转至搜索结果列表页面，在该页面中选择想要进一步了解的指数，这里单击"上证消费"超链接，如图 2-2 所示。

图 2-2　选择指数

　　进入指数详情页面，在该页面中可以查看到指数的各类信息，包括指数简介、指数表现及权重分布等信息。另外还可以了解指数的编制方案、指数单张、成分列表、指数行情、收益率、指数估值等相关信息，相关产品中有对应的指数基金推荐。图 2-3 所示为上证消费指数的信息内容。

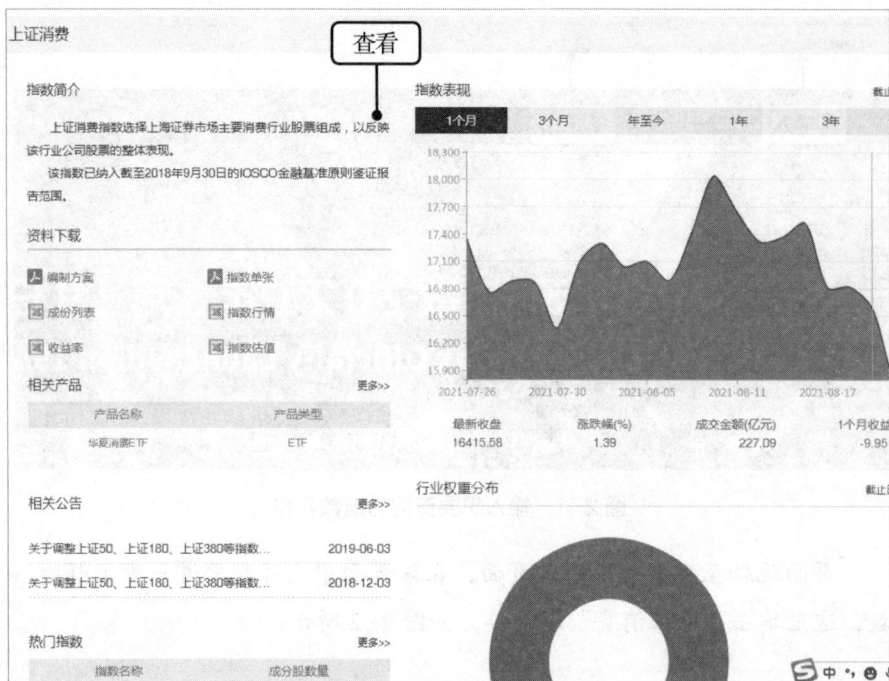

图 2-3　指数详细信息

可以看到，通过中证指数有限公司我们可以查询到非常详细的指数信息，以便帮助投资者进一步了解指数基金。但是，有一些指数在中证指数官网上查询不到，例如与港股相关的指数，这类指数由恒生指数有限公司编制，需要在恒生指数有限公司的官网上查询。

在恒生指数官网中可以查询到港股指数的相关信息，例如恒生指数、恒生中国企业指数及恒生综合指数等。

2.1.2　从指数编制规则角度来筛选指数

指数的编制规则是判断一个指数能否永远保持活力的关键，因为它决定了投资者购买的指数基金产品挑选了哪些股票，以及为什么要选择这些股票。

投资者在投资时经常会发现，虽然自己选择了一个目标指数类型，但是具体一看，该指数类型下面的指数数量非常多，面对这么多的指数，投资者往往会陷入迷茫，不知道如何筛选，此时，我们可以从指数编制原理的角度来对其进行筛选。

以医药指数为例，因为医药行业本身比较受投资者欢迎，所以，对应的行业指数基金也非常多，这里选取医药指数中最常见的三个医药指数：300 医药指数、中证医药指数和全指医药指数举例进行比较分析。

实例分析

比较分析 300 医药指数、中证医药指数和全指医药指数

300 医药指数、中证医药指数和全指医药指数的指数编制规则如下：

① 300 医药指数

300 医药指数全称沪深 300 医药卫生指数，是由沪深 300 指数样本股中的医药卫生行业的股票组成，以反映该行业公司股票的整体表现。

而沪深 300 指数是一个大蓝筹指数，它是由沪深股市中流动性好、市值大的 300 只股票组成，所以，300 医药指数可以看作是医药龙头指数。

②中证医药指数

中证医药指数由中证 800 指数样本股中的医药卫生行业股票组成，以反映该行业公司股票的整体表现。

中证 800 指数是由沪深 300 和中证 500 成分股一起构成的，反映的是沪深证券市场内大中市值公司的整体状况，所以，中证医药指数基本上反映了整个市场大、中市值医药企业的整体表现。

③全指医药指数

全指医药指数从中证全指样本股医药卫生行业内选择流动性和市场代表性较好的股票构成指数样本股，以反映沪深两市医药卫生行业内公司股票的整体表现。

而中证全指指数基本上涵盖了沪深 A 股中全部上市公司的股票，同样地，全指医药指数也几乎涵盖了沪深 A 股中全部的医药卫生行业的股票，不对市值做出限制。

其实，从编制规则上可以看到，中证医药与全指医药类似，但是全指医药的样本空间比中证医药更大，因为它不对市值进行限制，所以它多了许多小市值公司的股票。

通过对各个指数的编制规则进行归纳和介绍，我们可以大致上得出这样的结果：300 医药指数可以看作是医药卫生行业的大盘龙头指数，而中证医药指数涵盖大市值和中市值的公司股票，属于兼具龙头属性和成长属性的指数；全指医药指数几乎涵盖了沪深 A 股的全部医药行业股票，范围最广，大、中、小市值企业的股票都有，反映的是整个医药卫生行业的平均水平。

因此，如果投资者相信未来医药行业中的强者可以持续发展，那么可以选择 300 医药指数；如果投资者想要投资更稳健，兼具稳定性和成长性，则可以选择中证医药指数。但是，如果投资者只是单纯地想要获得整个医药卫生行业的发展红利，那么选择全指医药指数。

实例中通过比较分析三个医药指数的编制规则差异，找到它们各自的投资特点，投资者可以利用这些特点筛选出真正适合自己的指数类型。

2.1.3 从指数成分股的角度来筛选指数

我们在筛选指数时除了考虑其编制规则之外，成分股往往也是重要的考虑因素，因为股票指数都是由许许多多的成分股编制而成的，了解这些成分股的组成情况能够让我们更清楚指数的实际情况，对帮助指数基金投资具有重要意义。

不知如何筛选编制规则类似的两个指数时，投资者可以试着从指数成分股的角度来进行分析，筛选出适合自己的指数。下面以沪深 300 和上证 50 为例进行比较分析。

实例分析

比较分析沪深 300 和上证 50

沪深 300 和上证 50 是两个风格极其相似的指数，由于同样具有大盘蓝筹特性，所以，很多投资者在两个指数中常常不知道怎么选择。首先，来看看这两个指数的基本信息。

沪深 300 指数基本信息包括以下三点：

①指数编制规则：沪深 300 指数由沪市和深市中市值大、流动性好的 300 只股票组成，综合反映中国 A 股市场上市股票价格的整体表现。

②样本空间：指数样本空间由同时满足以下条件的非 ST、*ST 沪深 A 股和红筹企业发行的存托凭证组成。

科创板证券上市时间超过一年；创业板证券上市时间超过三年；其他证券上市时间超过一个季度，除非该证券自上市以来日均总市值排前 30 位。

③选样方法：按照以下方法选择样本股。

a. 对样本股最近一年日均成交金额由高到低排名，剔除后 50%。

b. 对剩余股票按照最近一年日均总市值由高到低排名，选取前 300 名股票。

上证 50 指数基本信息包括以下三点：

①指数编制规则：上证 50 指数由沪市 A 股中规模大、流动性好的最具代表性的 50 只股票组成，反映上海证券市场最具影响力的一批龙头公司的股票价格表现。

②样本空间：上证 180 指数样本。

③选样方法：对样本空间内的证券按照过去一年的日均总市值、日均成交金额进行综合排名，选取排名前 50 位的证券组成样本。

从两个指数的对比分析可以看到，它们最大的区别在于样本空间。沪深 300 是挑选沪深 A 股市场中规模大、流动性好的 300 只股票，能够反映整体市场情况。而上证 50 则是从上证 180 成分股中挑选最具影响力的龙头企业股票，是典型的大盘指数。沪深 300 指数的成分股选择的空间范围更广。

其次，再来看看两个指数的成分股行业权重分布情况，图 2-4 所示为沪深 300 指数行业权重分布。

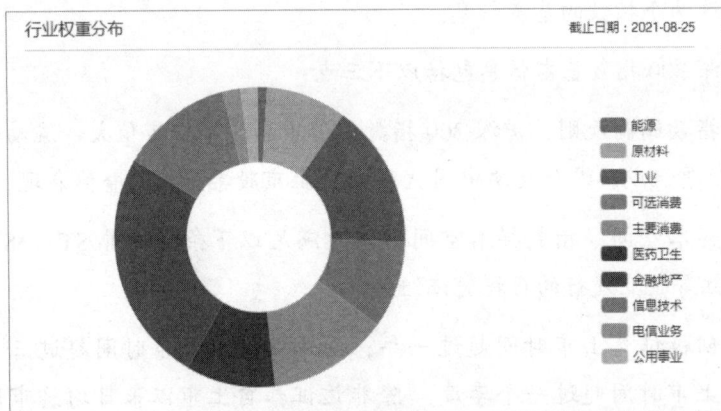

图 2-4　沪深 300 指数行业权重分布

其中，金融地产占比 25.47%，信息技术占比 12.46%，主要消费占比 13.19%、医药卫生占比 9.73%、工业占比 15.76%、原材料占比 9.16%、电信业务占比 2.01%、公共事业占比 1.87%、能源占比 1.1%。

图 2-5 所示为上证 50 指数行业权重分布。

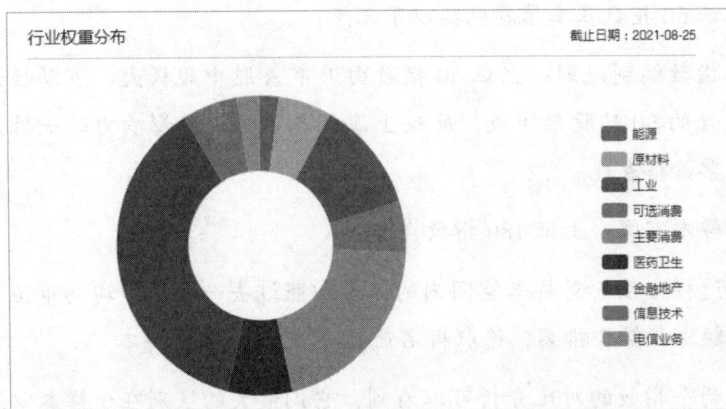

图 2-5　上证 50 指数行业权重分布

其中，金融地产占比 37.57%、主要消费占比 20.46%、信息技术占比

6.17%、医药卫生占比 7.06%、工业占比 12.33%、可选消费占比 5.57%、原材料占比 6.08%、电信业务占比 2.53%、能源占比 2.22%。

从两个指数的成分股行业权重来看，两者成分股行业权重比较相似，都以金融地产为主，然后配备了信息技术、主要消费、医药卫生和工业等，但是上证 50 的金融属性更强，金融业的权重更高，同时行业的集中度也更高，而沪深 300 行业分布相对更均匀，虽然同样是以金融地产为主，但主要消费、工业及信息技术等都占据不少比重。这样比较来看，上证 50 的风险性比沪深 300 更高，但是在大盘股行情好的时候，沪深 300 的收益可能低于上证 50。

接着，再来比较两个指数的十大权重股情况，表 2-1 所示为沪深 300 十大权重股情况（截止日期 2021 年 6 月 2 日）。

表 2-1　沪深 300 十大权重股情况

代　码	简　称	行　业	权重（%）
600519	贵州茅台	主要消费	5.22
600036	招商银行	金融地产	3.18
601318	中国平安	金融地产	2.79
000858	五粮液	主要消费	2.11
601012	隆基股份	工业	1.91
000333	美的集团	可选消费	1.70
002594	比亚迪	可选消费	1.34
601166	兴业银行	金融地产	1.33
300059	东方财富	金融地产	1.30
002415	海康威视	信息技术	1.30

表 2-2 所示为上证 50 十大权重股情况（截止日期 2021 年 6 月 2 日）。

表2-2　上证50十大权重股情况

代　码	简　称	行　业	权重（%）
600519	贵州茅台	主要消费	14.21
600036	招商银行	金融地产	8.65
601318	中国平安	金融地产	7.59
601012	隆基股份	工业	5.18
601166	兴业银行	金融地产	3.63
601888	中国中免	可选消费	3.28
603259	药明康德	医药卫生	3.23
600030	中信证券	金融地产	2.88
600276	恒瑞医药	医药卫生	2.88
600887	伊利股份	主要消费	2.78

　　从它们的十大权重股可以看到，沪深300和上证50不仅行业分布相似，十大权重选股相似度也非常高，在十大权重股中重叠的股份有五个，但是上证50的集中度更高，十大权重股占比超过54%，而沪深300十大权重股占比仅为22%。

　　所以，沪深300相较于上证50，成分股权重更为分散和平均，受到单一股影响的可能性也更低，投资也更稳健。而上证50因为集中度更高，受到单一股影响的可能性也更高，风险也更高。

　　总的来看，这两个指数的风格比较相似，如果对经济发展有信心，就可以根据以上分析选择收益性更高的上证50指数，但如果投资者的投资风格更趋于稳健，则选择沪深300指数。另外，不建议两者同时购买，因为两者的风格类似，沪深300指数包含上证50，同时购买没有意义。

2.2　筛选指数基金的办法

在确定目标指数之后，还需要进一步选择对应的指数基金。因为同一跟踪指数下常常不止一只指数基金，所以，我们要借助一些筛选办法选择出真正适合自己的且优质的指数基金。

2.2.1　根据基金规模大小来选择

基金规模指的是这只基金管理的资产总量，简单来说就是这只基金里一共有多少资金。很多投资者在选择基金时对基金规模关注不多，实际上，它是投资者选择指数基金的一个重要因素。

据统计，2020 年全年清盘基金数量为 168 只，同比增超 25%。清盘的原因主要是基金规模小，一旦赎回就触碰清盘红线。根据规定，基金清盘需要满足以下两个条件：

①基金规模小于 5 000.00 万元。

②连续 60 个工作日，基金持有人不足 200 人。

一旦出现上述情况，基金就有可能面临清盘。对于任何投资者来说，基金清盘都是最不想面对的，虽然基金清盘并不会让我们亏太多的钱，但是它会直接扰乱我们的投资规划。因此，基金规模过小的指数基金基本不用多做考虑。通常基金规模 1.00 亿元以下就属于小规模的基金。

但是，基金规模也并不是越大越好，需要分开来看，这与指数基金的类型相关。根据前面的介绍，我们知道指数基金分为完全复制型指数基金和增强型指数基金。

对于完全复制型的指数基金来说，基金管理人并不对其进行主动操作，所以，基金经理首先考虑的是申购 / 赎回对净值的冲击，这样一来基金的规模越大对净值的冲击越小。因此，选择完全复制型指数基金时，基金的规模越大越好，而且通常不会出现流动性危机。

但是，对于增强型指数基金来说，基金规模就并非越大越好了。首先，增强型指数基金从本质上来看，它是属于主动管理型基金，需要基金经理频繁做一些进出操作，如果此时基金规模过大，进出操作会非常不便，还有可能使得基金反应迟钝，影响收益。

其次，增强型指数基金的增强策略可能是打新，也可能是轮动，如果基金规模过大，会使每份基金的超额收益减少。因为基金打新的收益都是有上限的，不会因为基金规模的增大而无限增大，所以，当基金规模过大时，每份基金分配到的打新超额收益自然就会减少。

总的来看，指数基金的规模最好是大于 2.00 亿元，以 5.00 亿～10.00 亿元的基金规模为佳，同时基金规模也不是越大越好。

2.2.2　选择指数拟合度高的指数基金

指数基金虽然是以特定指数为标的进行跟踪投资的，但是因为指数的一篮子股票中流通股、净资产、现金流等都处于不断变化之中，所以，指数和对应的指数基金必然会存在一定的偏差。

指数基金与指数的偏差程度可以用于判断该基金的表现情况，质量越优的指数基金，更贴近目标指数，跟踪误差越小，也能够更好地获取市场上该指数的平均收益。因此，投资者在筛选指数基金时应该选择指数拟合度更高的指数基金。

很多的金融平台上投资者在购买指数基金时都能查看到指数基金的跟踪误差情况，下面以具体的例子进行比较分析。

实例分析

利用跟踪误差比较筛选指数基金

博时沪深 300 指数 A（050002）和鹏华沪深 300 指数（LOF）A（160615）都是以沪深 300 指数为跟踪标的的指数型－股票基金，图 2-6 和图 2-7 所示为博时沪深 300 指数 A 和鹏华沪深 300 指数（LOF）A 的基金概况。

基本概况		其他基金基本概况查询：	请输入基金代码、名称或简拼
基金全称	博时裕富沪深300指数证券投资基金	基金简称	博时沪深300指数A
基金代码	050002（前端）	基金类型	指数型-股票
发行日期	2003年07月10日	成立日期/规模	2003年08月26日 / 51.264亿份
资产规模	54.89亿元（截止至：2021年06月30日）	份额规模	27.3878亿份（截止至：2021年06月30日）
基金管理人	博时基金	基金托管人	建设银行
基金经理人	桂征辉、杨振建	成立来分红	每份累计2.03元（7次）
管理费率	0.98%（每年）	托管费率	0.20%（每年）
销售服务费率	0.00%（每年）	最高认购费率	1.00%（前端）
最高申购费率	1.50%（前端） 天天基金优惠费率：0.15%（前端）	最高赎回费率	1.50%（前端）
业绩比较基准	95%的沪深300指数 + 5%的银行同业存款利率	跟踪标的	沪深300指数

图 2-6　博时沪深 300 指数 A 基金概况

基本概况		其他基金基本概况查询：	请输入基金代码、名称或简拼
基金全称	鹏华沪深300指数证券投资基金(LOF)	基金简称	鹏华沪深300指数(LOF)A
基金代码	160615（主代码）	基金类型	指数型-股票
发行日期	2009年03月02日	成立日期/规模	2009年04月03日 / 19.944亿份
资产规模	4.95亿元（截至：2021年06月30日）	份额规模	1.9741亿份（截止至：2021年06月30日）
基金管理人	鹏华基金	基金托管人	工商银行
基金经理人	张羽翔	成立来分红	每份累计0.06元（1次）
管理费率	0.75%（每年）	托管费率	0.15%（每年）
销售服务费率	0.00%（每年）	最高认购费率	1.00%（前端）
最高申购费率	1.20%（前端） 天天基金优惠费率：0.12%（前端）	最高赎回费率	1.50%（前端）
业绩比较基准	沪深300指数收益率×95%+银行同业存款利率×5%	跟踪标的	沪深300指数

图 2-7　鹏华沪深 300 指数（LOF）A 基金概况

从两个指数基金的概况可以看到，它们的基本情况大致相同，都是以沪深 300 指数为跟踪标的的指数基金，业绩比较基准也都是"沪深 300 指

数收益率 ×95%+ 银行同业存款利率 5%"。

此时再查看两者的投资决策，具体如下：

博时沪深 300 指数 A 基金的投资目标为：分享中国资本市场的长期增长。本基金将以对标的指数的长期投资为基本原则，通过严格的投资纪律约束和数量化风险管理手段，力争保持基金净值增长率与标的指数增长率间的正相关度在 95% 以上，并保持年跟踪误差在 4% 以下。

鹏华沪深 300 指数（LOF）A 基金投资目标为：本基金采用指数化投资方式，追求基金净值增长率与业绩比较基准收益率之间的跟踪误差最小化，力争将日平均跟踪误差控制在 0.35% 以内，以实现对沪深 300 指数的有效跟踪。

从两种指数基金的投资目标可以看到，它们都是期望通过有效追踪沪深 300 指数，以被动式的指数化投资来获取沪深市场的平均收益。在相同策略下，投资者可以根据指数基金对指数的实际跟踪误差情况来对指数基金进行筛选。

图 2-8 和图 2-9 所示为博时沪深 300 指数 A 和鹏华沪深 300 指数（LOF）A 指数跟踪情况。

○ 指数基金指标		
跟踪指数	跟踪误差	同类平均跟踪误差
沪深300指数	0.13%	0.16%
截止至：2021-08-27		

图 2-8　博时沪深 300 指数 A 的指数跟踪情况

○ 指数基金指标		
跟踪指数	跟踪误差	同类平均跟踪误差
沪深300指数	0.08%	0.16%

图 2-9　鹏华沪深 300 指数（LOF）A 指数跟踪情况

从上图可以看到，鹏华沪深 300 指数（LOF）A 指数跟踪误差明显小于博时沪深 300 指数 A，说明鹏华沪深 300 指数（LOF）A 与目标指数沪深 300 的拟合程度更高，跟踪更贴近，基金表现更佳。如果投资者以获得沪深市场的平均收益为投资目标，那么选择鹏华沪深 300 指数（LOF）A 会更适合。

2.2.3　看基金评级情况选择指数基金

"选基金，数星星"，这是许多投资者常常挂在嘴边的一句话，这里的数星星就是基金评级，评级越高的基金，星星的数量就越多。

基金评级由基金评级机构收集有关信息，然后通过科学定性、定量分析，依据一定的标准，对投资者投资于某一种基金后所需要承担的风险，以及能够获得的回报进行预期，并根据收益和风险的预期对基金进行排序。

简单来说，基金评级是综合基金类别、投资风险和投资收益等对其进行全面评估，从而得出基金星级情况。因为基金评级是由专业且权威的评级机构进行评价，所以，通过基金评级能够帮助投资者更快、更全面地了解基金，是一个重要的参考信息。

目前市场上主要的基金评级机构有晨星、银河证券、海通证券、招商证券及上海证券等。投资者可以在评级机构官网查看基金评级，也可以在一些基金销售的第三方平台上进行查看，例如，晨星评级既可以在晨星的官网上查看，也可以在金融界、和讯基金评级中查看。

下面具体介绍如何在晨星网查看基金评级。

实例分析

晨星网查看基金评级

打开晨星网官网（https://www.morningstar.cn/）注册并登录账号，进入首页。在页面右上角搜索文本框中输入基金代码或基金名称，这里输入基金代码"161725"，单击下方基金超链接，如图2-10所示。

图 2-10　输入基金代码

进入基金详情页面，在该页面中可以查看到基金的评级，还能查看到各类具体的信息数据，包括业绩&回报、风险&评价、投资组合及购买信息等，通过这些信息可以进一步了解基金，从而做出正确的投资决策，如图2-11所示。

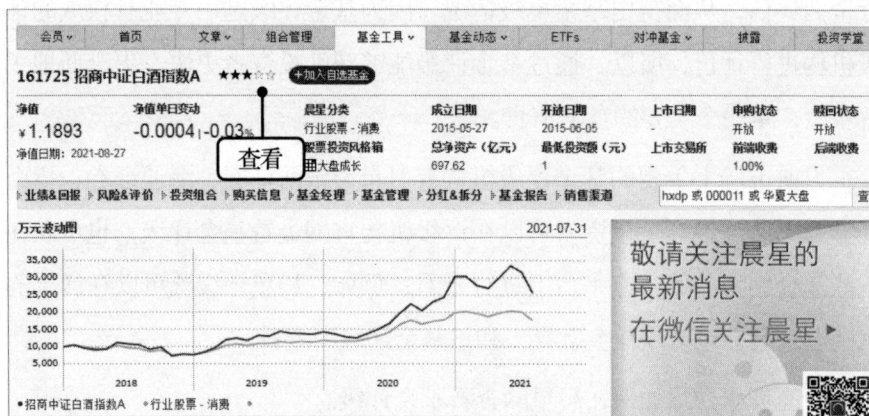

图 2-11　查看基金评级

作为投资者还必须掌握基金评级的正确使用方法。大部分投资者对于基金评级通常仅以星星数量做判断，认为直接选择星星数量多的基金即可，显然这种做法是不准确的。

基金评级是以基金的历史业绩作为基础的定量评价，而历史业绩并不能代表将来的业绩，基金未来的表现受到许多实际因素的影响，例如基金经理更换、投资组合变动等。

另外，即便是高星级的基金也并不适用于所有的投资者，因为每个人的投资目标和风险承受能力都不同。

因此，在使用基金评级时要注意以下几点：

①筛选基金时，优选长期获得较高评级的基金，这样的基金通常综合表现更佳。以五档基金评级为例，长期能够获得三星及以上评级的基金，是比较优秀的基金。

②明确自己的风险承受能力和投资目标，筛选出适合自己的基金品种。

③了解基金经理状况，包括投资偏好、投资策略及投资风格等，是否与自己的投资理念相符。

④选择之后还要关注基金的变化，包括基金经理变更、投资组合改变及投资策略变动等。

总的来看，相较于个人投资者，评级机构的基金评选是一种专业、综合的筛选方式。所以，利用基金评级选择基金，能够帮助投资者从众多的基金中快速筛选出相对优秀的基金。

2.3　清楚指数基金的交易规则

做任何一项投资之前，投资者都必须了解该项投资相关的交易规则，例如，买卖渠道、收费情况等，这样才能让我们在之后的投资交易过程中更加顺畅，也更能游刃有余。

2.3.1 明确场内指数基金和场外指数基金的区别

指数基金根据交易场所的不同可以分为场内指数基金和场外指数基金。想要了解两者的区别，首先要明白"场"这个概念。这里的场指的是证券交易所，例如沪深交易所。

场外指数基金，其实是指一手市场买基金，即基金公司发行基金后，投资者直接向基金公司买入基金份额。而场内指数基金则是在证券交易所内，从其他投资者手中买转手的基金，属于二手市场买卖基金。图 2-12 所示为场内指数基金和场外指数基金交易的示意。

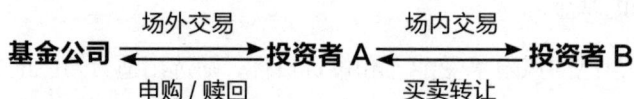

场外交易　　　　　　　场内交易

基金公司 ⇄ **投资者 A** ⇄ **投资者 B**

申购/赎回　　　　　　买卖转让

图 2-12　场内外指数基金交易示意

注意：这里的场内交易指证券交易所交易，场外交易指通过银行、基金公司及第三方基金销售平台交易。

从图中可以看到，如果投资者 A 购买投资 B 卖出的基金，那么就属于场内交易，而如果投资者 A 直接从基金公司购买发行的基金份额就属于场外交易。两类指数基金交易场所不同，并由此产生了一系列的差异，具体如表 2-3 所示。

表 2-3　场内指数基金和场外指数基金的对比

项　目	场内指数基金	场外指数基金
交易机制不同	场内指数基金是投资者与其他投资者进行交易，同股票交易机制一样，投资者买入的是其他投资者卖出的基金	场外指数基金是通过基金公司、银行和第三方基金销售平台交易，投资者是直接申购基金份额

续表

项　　目	场内指数基金	场外指数基金
到账时间不同	一般情况下购买后，T+1 个工作日可卖出，资金 T+1 个工作日到账	一般情况下申购后，T+2 个工作日可赎回，资金通常在 T+1 个工作日后到账
基金数量不同	数量少，类型少，可选择的空间较小	数量很多，选择的余地非常大
分红方式不同	分红方式只有现金分红，需手动把分红金额再投入	分红方式有现金分红和红利再投两种，可自动设置
投资门槛不同	场内指数基金与股票交易相同，以手为单位进行交易，至少需要购买 1 手，即 100 份额的基金，所以，投资门槛更高	没有特殊要求，投资门槛更低
交易价格不同	场内交易是按照股票交易方式进行的，根据供求关系，以实时撮合价交易，在交易日的不同交易时间价格不同	场外申购则是以当天收盘净值为价格进行交易，每天只有一个固定的交易价格
交易费率不同	场内基金买入或卖出单向交易费率一般最高不超过 0.3%	场外基金的申购费率一般为 0.6% ～ 1.5%，赎回费率通常为 0.5%
交易对象不同	场内交易能购买的指数基金为 LOF 基金、ETF 基金、分级 A 和分级 B	场外可以购买的基金全部为开放式基金

　　根据上述介绍可以看到，场内指数基金和场外指数基金分别有各自的优点，例如，场内指数基金的费率更低，投资成本更低，且交易价格受供需关系的影响，波动变化大，投资者有价差套利机会，而场外指数基金投资选择的余地更大，资金流动性也更强。

　　因此，投资者在投资时要明确两者的区别和优势，选择更适合自己的指数基金进行投资。

2.3.2 指数基金投资中的各项收费情况

虽然与主动型基金相比，指数基金的投资费用要低很多，但同样是指数基金，不同类型的指数基金其费率也有很大的区别。费率与投资者的投资成本直接相关，所以，投资者有必要了解指数基金投资中各类费用的收费情况。

场内指数基金与场外指数基金的交易收费情况不同，下面分别介绍：

（1）场内指数基金投资的收费情况

场内指数基金投资的费用包括管理费、托管费、买入手续费和卖出手续费，具体内容如下：

- ◆ **管理费：** 它指基金公司管理基金产品收取的费用，是付给基金公司的，在每日净值中已经扣除，属于一种隐性费用。

- ◆ **托管费用：** 根据前面基金运作介绍，我们可以知道，基金中的资金并不是直接交由基金公司管理的，而是放在托管银行的，所以，需要向银行支付托管费用。托管费用也在每日净值中扣除，是一种隐性费用。

- ◆ **买入手续费：** 买入手续费是购买场内基金时，由证券公司收取的服务费用，费率一般是 0.05‰。

- ◆ **卖出手续费：** 卖出手续费与买入手续费一样，是由证券公司收取的服务费用，费率一般是 0.05‰。

（2）场外指数基金投资的收费情况

场外指数基金投资的费用包括管理费、托管费、销售服务费、申购费及赎回费。其中，管理费和托管费与场内基金交易一样，其他的费用具体如下：

- ◆ **销售服务费：** 基金管理人从基金财产中按一定比例提取的费用，主要是用来支付销售机构的佣金、基金营销费用、基金份额持有人服务费。基金销售服务费是从基金资产中每日计提的，也就是说大家看到的每日收益，实际上是已经扣除了服务费的。需要注意的是，不同类型的基金其销售服务费不同。A 类基金有申购费、无销售服务费；C 类基金无申购费、有销售服务费。销售服务费费率一般是每年 0.1%～0.4%，也有不少基金在 0.6% 左右。

◆ **申购费：** 申购费指投资者购买基金时交的费用。申购费率的收取有两种方式：前端收费和后端收费。前端收费是在场外购买指数基金时，一次性收取，申购费率一般会打一折，打完折后一般在 0.12%～0.15%，购买资金量越高，前端收费的申购费率越低。后端收费是在购买场外指数基金时，并不收取申购费，而是在卖出时收取，随着持仓时间的增长，后端收取的申购费率越低，一般来说持有时间超过五年就免除申购费，也就是鼓励投资者进行长期投资。

◆ **赎回费：** 赎回费指投资者赎回基金时交的费用。大多数场外指数基金按如下规定收取赎回费，买入 7 天内卖出，收 1.5% 赎回费；7 天到一年，收 0.5% 赎回费；一年到两年，收 0.25% 赎回费；两年以上，不收赎回费。其实也是惩罚短期投机，鼓励投资者长期持仓。

综上所述，不同的指数基金投资涉及的费用及费率是不同的，出于对投资成本的考虑，投资者在投资时应该选择费率更低的基金进行投资。

2.3.3　指数基金是怎么分红的

在基金投资过程中，只要满足特定条件，基金就会定期分红，指数基金也是如此。但是，指数基金的分红来源与主动型基金不同。

主动型基金是由基金经理挑选股票，并且选择时机买入和卖出，通过买卖股票获利赚钱之后，如果觉得暂时没有什么好的投资机会，就会把赚到的钱以分红的形式分给投资者，这是主动型基金分红的主要来源。因此，主动型基金一般都是在牛市会有较大比例的分红，在熊市就很少分红。

但是，指数基金不同，指数基金不太可能频繁调仓换股，只能跟随指数成分股的调整而调整。所以，指数基金分红的主要来源就是成分股公司每年的分红，主要来自上市公司的分红，即使在熊市公司股价下跌，只要公司盈利正常，分红政策也正常，指数基金照样会收到分红，同样也可以给投资者分红。

那么，是不是说明投资者选择指数基金时应该选择分红比较多的基金好呢？对于这个问题，投资者首先要明白基金分红的概念。基金分红是指将基金净值的一部分发放给投资者落袋为安，并非额外收益。分红会在除息日从净值中先行扣除，可能出现基金当日收益下降，但是并不影响投资者的实际资产总额。原理如图 2-13 所示。

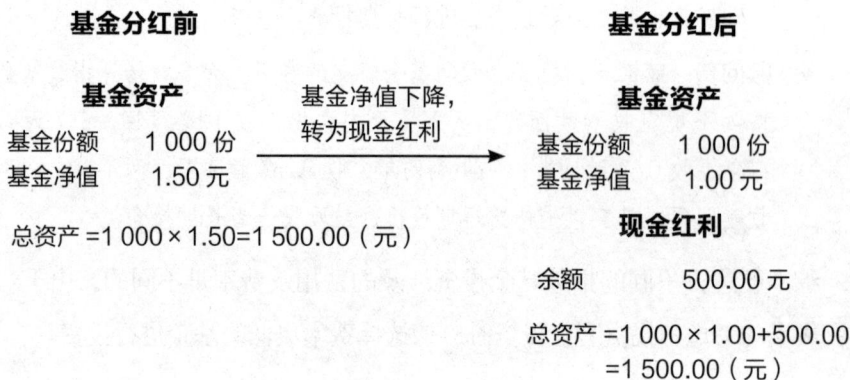

基金分红前　　　　　　　　　　　　　　**基金分红后**

基金资产　　　基金净值下降，　　　**基金资产**
　　　　　　　　转为现金红利

基金份额　　1 000 份　　———————→　　基金份额　　1 000 份
基金净值　　1.50 元　　　　　　　　　　　基金净值　　1.00 元

总资产 =1 000 × 1.50=1 500.00（元）　　　**现金红利**

　　　　　　　　　　　　　　　　　　　　余额　　　　500.00 元

　　　　　　　　　　　　　　　　　　　总资产 =1 000 × 1.00+500.00
　　　　　　　　　　　　　　　　　　　　　　 =1 500.00（元）

图 2-13　基金分红

从上图可以看到，假设投资者持有某基金 1 000 份额，基金净值为 1.50 元，分红前投资者的总资产为 1 500.00 元。基金分红后，基金净值降低至 1.00 元，每份基金分得 0.50 元，共分得现金红利 500.00 元，所以，投资者的总资产为 1 500.00 元。

投资者要明确基金分红是基金将收益的一部分以现金的方式派发给投资者，这部分收益原来就是基金单位净值的一部分，而不是将额外的钱分给投资者。

虽然基金分红并不是给投资者增加额外的收益，但是投资者在筛选基金时还是应该考虑基金的分红情况，因为基金能够分红说明基金运作良好，表现优异。基金分红需要满足以下三个条件：

①基金当年收益弥补以前年度亏损后还有可分配收益。

②基金收益分配后，单位净值不低于面值。

③基金投资当期没有出现净亏损，如果基金投资当期出现净亏损，则不能进行分配。

基金分红可以为投资者过滤掉一些运作不佳的劣质基金。另外，投资者需要明白一点，并不是说每一只指数基金都会分红，基金分红与否除了要看基金的业绩之外，还要看基金公司的投资决策，因为基金一旦要分红，就意味着基金经理需要提前对基金的仓位进行调整，而仓位的调整与市场走势变化及投资策略等息息相关。

例如，指数基金追踪指数的效果比较好，在这样的情况下，如果指数基金收到了股票的分红，就会使得指数基金净值的实际涨跌幅度比追踪的指数的涨跌幅度更大一些。此时为了能够减少与目标指数之间的误差，指数基金就会选择将现金分出来给投资者，于是就产生了分红。

但如果指数基金追踪指数的效果不太好，与目标指数之间存在一定的误差，若此时有股票分红，指数基金便会优先考虑弥补与目标指数之间的误差，不会向投资者分红，而是将收到的分红按照比例买成指数的成分股，归入基金净值中，提高基金净值。

所以，指数基金有可能有分红，也有可能没有分红。如果有分红，投资者又应该如何处理呢？

基金分红有两种处理方式可供投资者选择，即现金分红和红利再投。具体如下：

现金分红是将分红的钱直接发放给投资者，且不收取手续费。选择现金分红的投资者，收到基金分红之后其持有的基金份额保持不变。

红利再投是将分红的钱直接按分红后的基金净值换算成若干基金份额，发放到投资者账户，投资者持有的基金份额会增加。红利再投不收取申购费等手续费。

总的来看，指数基金分红对于基金公司来说，是追踪目标指数的一种手段，目的在于能够更好地紧盯指数。而对于投资者来说，通过分红可以获得现金流，也可以通过分红使收益落袋为安。

第3章

指数基金中特殊的ETF和LOF

为了迎合更多不同投资需要的投资者，市场中出现了一些比较特别的指数基金，例如ETF基金和LOF基金，了解这些指数基金及其特点可以帮助投资者更好地实现投资增收的愿望。

- ETF是什么基金
- ETF一级市场实物申购/赎回机制
- ETF二级市场买进/卖出怎么做
- 市场中的ETF这么多怎么选
- 最简单的买入持有策略
- ……

3.1　交易所交易基金——ETF

在前面的内容中我们提到过，指数基金根据交易方式的不同可以分为开放式指数基金和封闭式指数基金。但是，有这么一类指数基金，结合封闭式基金和开放式基金运作的特点，使投资更便捷，它就是交易所交易基金——ETF。

3.1.1　ETF 是什么基金

开放式基金指基金规模不固定，可以随时根据市场投资者的需求发行新的份额，投资者也可以随时赎回的基金。开放式基金不在证券交易所交易，通常由银行或第三方机构代销。

封闭式基金是指基金规模固定，基金发行结束后，基金对外封闭，且在规定期限内份额不变，封闭期限内不能赎回，但可以挂牌上市的基金，所以封闭式基金可以在二级市场进行转让交易。

然而，本小节要介绍的基金非常特殊，它既可以向基金公司申购或赎回基金份额，同时又可以在二级市场上交易基金份额，集合了开放式基金和封闭式基金的优点，它就是 ETF 基金。

ETF 基金是交易型开放式指数基金，也被称为交易所交易基金，简称 ETF，是一种在交易所上市交易的、基金份额可变的一种开放式基金。

ETF 采用指数化投资策略，基金管理选择某一特定的目标指数，且以该指数包含的成分股作为投资对象，构建投资组合，追踪目标指数，进行被动投资。所以，ETF 与普通指数基金的投资策略相同，具有普通指数基金的特点。

但因为 ETF 具有可开放、可封闭交易的特质，使得它在投资交易中相比其他普通指数基金更具优势，具体如表 3-1 所示。

表 3-1　ETF 的特点

特　　点	说　　明
交易灵活	ETF 可以在二级市场中与股票一样进行上市交易，实时买卖，且当日卖出，资金当日可用，次日可取。而普通开放式基金当天申购，最少也需要两天时间资金才能到账
投资成木低	ETF 费用主要包括两个方面：一是基金运作费用，二是投资交易费用。ETF 基金运作费用主要包括基金管理费和托管费。基金的运作费用都是从基金资产中扣除的，我们每天看到的基金净值是已经扣除所有运作费用之后的价格，这一点与普通基金相同。但因为 ETF 可以在二级市场交易，所以，投资交易费用与股票佣金相同，场外基金的申购赎回费率通常是 1.5%、0.5% 左右，而券商佣金水平往往只有 0.03%，所以，ETF 投资成本更低廉
仓位更高	普通的股票型基金，为了应对可能出现的巨额赎回，通常股票仓位最高只有 95% 左右，但是 ETF 基金没有赎回问题的顾虑，所以，股票仓位通常在 99% 以上，这样的高仓位使得资金利用效率更高
投资门槛更低	投资者如果直接在创业板投资交易，需要证券账户及资金账户内的资产日均不低于 10.00 万元，科创板投资交易不得低于 50.00 万元，且均需交易经验满两年以上。这些要求对于一般的投资者来说，投资门槛较高，但是投资创业板 ETF 和科创板 ETF 是没有这些条件的，所以，投资门槛相对更低
规避个股风险	与直接的个股投资不同，ETF 基金是指数基金，是一篮子股票，而这些股票包含各行各业，使得投资更分散，可以规避个股投资的风险
投资组合透明	ETF 会每日公告申购赎回清单，列明其一篮子股票的成分，因此，其投资组合透明度高，便于监管。而 ETF 的被动式管理方式使得基金经理不能根据个人对个股未来走势的判断而增加或减少持仓，所以，杜绝了基金经理可能通过内幕交易操纵市场的行为，能很好地避免基金投资的道德风险，投资也更透明

　　总的来说，ETF 为投资者们提供了一种低费用、即时交易，可以配置全行业、全球和各类资产的投资方式，所以，ETF 在市场中广受好评，热度居高不下。

3.1.2 ETF 一级市场实物申购 / 赎回机制

ETF 与开放式基金相同，可以在一级市场中申购 / 赎回，但是其具体的申购 / 赎回却与普通开放式基金不同。

针对普通开放式基金，投资者直接用钱在银行或第三方基金销售平台申购基金份额即可，但 ETF 实行的是"实物申购、赎回"机制，即投资者只能利用手中持有的股票通过"物物交换"的方式来买卖 ETF 份额，而不能直接用钱交易。图 3-1 所示为 ETF 申购示意。

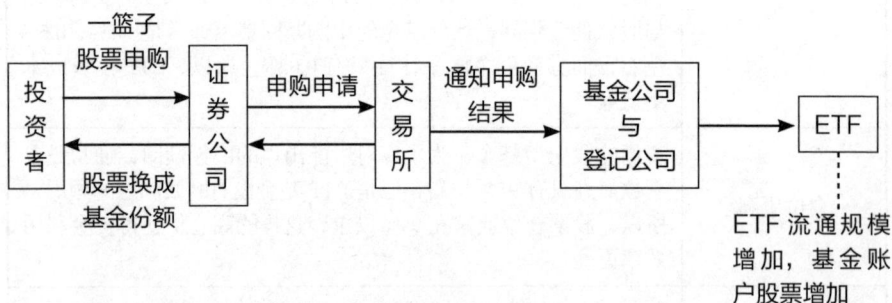

图 3-1　ETF 实物申购

因为 ETF 的基金管理人每日开市前会根据基金资产净值、投资组合及标的指数的成分股情况，公布"实物申购与赎回"清单。投资人可依据清单内容，将成分股票交付 ETF 的基金管理人，从而取得"实物申购基数"或其整数倍的 ETF。

所以，实物申购是指投资者按当日所公布的申购赎回清单用一篮子股票向基金管理人申购 ETF 份额的过程，投资者获得 ETF 份额所交付的对价是一篮子目标指数股票加少量现金差额。

实物赎回则与实物申购相反，图 3-2 所示为赎回示意。

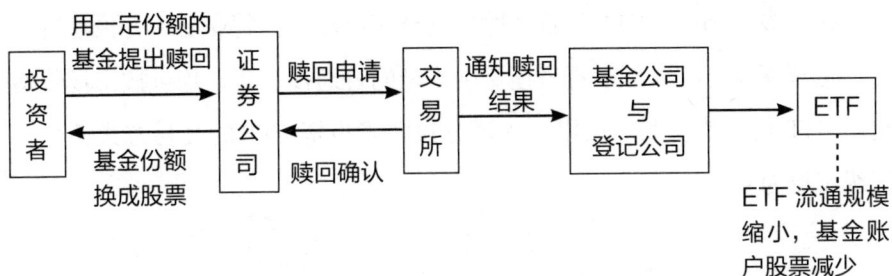

图 3-2　ETF 实物赎回

从上图可以看到，ETF 实物赎回就是投资者将所持有的 ETF 份额向基金管理人提出赎回申请，基金管理人按当日所公布的申购赎回清单给付一篮子股票加少量现金差额的过程。实物申购导致基金规模增长和 ETF 总份额增加，实物赎回则会导致基金规模缩小和 ETF 总份额的减少。

理财贴士　*申购／赎回中的现金余额*

　　投资者实物申购／赎回的过程中，如果产生差额就会形成现金余额。需要注意的是，现金余额的数值可能为正，也可能为负。投资者在申购时，如果余额为正，则投资者应支付相应数额的现金；如果为负，投资者则获得相应数额的现金。投资者在赎回时，如果现金余额为正，则投资者获得相应数额的现金；如果为负，投资者则支付相应数额的现金。

简单来说，就是投资者需要按照指数内成分股的权重买齐这些股票，然后拿着这一篮子股票去申购基金份额。赎回的时候也是给投资者一篮子股票，投资者需要卖出股票才能实现兑现。

从这个申购／赎回的流程可以看出，这样的操作机制可以保证 ETF 较小的跟踪误差，但是这样的申购／赎回交易方式比较麻烦，投资者需要提前准备一篮子股票去交换，而且在一级市场上只有资金达到一定规模的投资者（基金份额通常要求在 50 万份以上）才可以随时在交易时间内进行以股票换份额（申购）、以份额换股票（赎回）的交易。这一规定便将中小型的普通投资者排除在了一级市场之外。

在二级市场上，ETF 与普通股票一样在市场中挂牌交易。无论是资金在一定规模以上的大额投资者还是中小型的普通投资者，均可按市场价格进行 ETF 份额的交易。所以，大部分投资者投资 ETF 的交易方式还是以二级市场为主。

3.1.3　ETF 二级市场买进 / 卖出怎么做

ETF 二级市场买进 / 卖出与股票买卖交易的操作方式一样，采用实时交易方式，非常便捷。投资者首先需要开设自己的证券交易账户，具体的开户流程如图 3-3 所示。

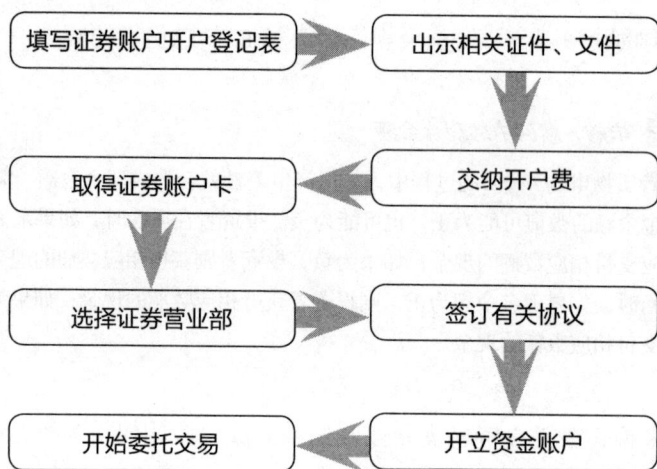

填写证券账户开户登记表 → 出示相关证件、文件

取得证券账户卡 ← 交纳开户费

选择证券营业部 → 签订有关协议

开始委托交易 ← 开立资金账户

图 3-3　证券交易账户开户流程

投资者完成开户之后就可以在二级市场中正式开始 ETF 投资了。ETF 交易与股票交易类似，投资者可以像买卖股票一样按市场价格买卖 ETF 份额。投资者在这里买进的 ETF 基金份额是其他投资者卖出的 ETF 基金份额，而非直接向基金公司购买的基金份额。

图 3-4 所示为 ETF 在二级市场中的交易示意。

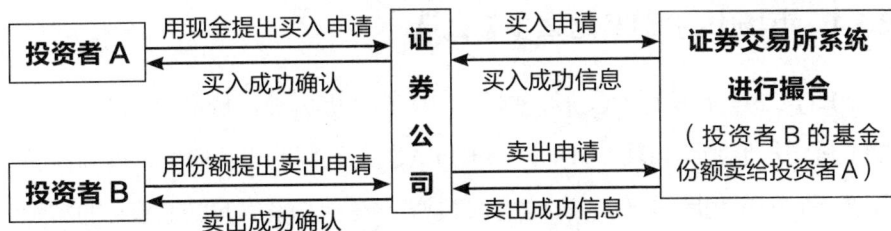

图 3-4　ETF 二级市场交易示意

了解 ETF 二级市场交易是怎么一回事之后，投资者还必须掌握 ETF 二级市场投资相关的交易规则，具体如表 3-2 所示。

表 3-2　ETF 二级市场交易规则

规　　则	说　　明
交易时间	周一至周五 9:30 ～ 11:30，13:00 ～ 15:00，节假日除外
交易方式	在交易日通过证券公司委托下单
交易单位	ETF 与股票交易一样，以"手"为单位进行交易，1 手 =100 基金份额
交易价格	每 15 秒计算一次参考性基金单位净值（IOPV），供投资者参考
价格最小变动单位	0.001 元
涨跌幅限制	ETF 与股票一样有涨跌幅限制规则，涨跌幅限制为 10%
交易费用	无印花税，有佣金，但佣金不高于成交金额的 0.3%，起点 5.00 元
交易制度	目前国内部分 ETF 品种支持 T+0 交易制度，例如，债券 ETF、黄金 ETF、跨境 ETF 和货币 ETF，但是股票 ETF 实行 T+1 交易制度

通过上述介绍可以看到，ETF 二级市场买进 / 卖出与股票交易非常相似，基金份额可以直接在市场上买卖，非常便捷。同时也要注意，ETF 的二级市场交易同样需要遵守交易所的相关规则，例如，当日买入的基金份额当日不能卖出等。

3.1.4 市场中的 ETF 这么多怎么选

ETF 经过十多年的发展，出现了很多的新品种，从最早期的单市场 ETF 慢慢扩展到跨市场 ETF、跨境 ETF，跟踪的标的也从股票扩展到商品、债券、货币和期货等。投资 ETF 之前，投资者需要了解一下 ETF 基金的品种。

ETF 根据投资市场划分，可以将其分为单市场 ETF、跨市场 ETF 和跨境 ETF，具体如下：

①单市场 ETF 是指以单一市场指数为跟踪标的的 ETF，比如上证 50ETF、上证 180ETF、创业板 ETF，这些 ETF 都只投资于单个证券交易市场。

②跨市场 ETF 则与单市场 ETF 相对应，是指所跟踪指数的成分证券同时包括深交所与上交所上市股票的 ETF，比如说沪深 300ETF、中证 500ETF，这些 ETF 的标的既包括沪市，也包括深市。

③跨境 ETF 是指以境外资本市场证券构成的境外市场指数为跟踪标的、在国内证券交易所上市的 ETF。例如纳指 100、德国 30、纳指 ETF 等。

ETF 根据投资标的划分，可以分为股票 ETF、债券 ETF、货币 ETF 和商品 ETF。

①股票 ETF 是以股票指数为跟踪标的，投资标的为交易所上市的股票的基金。股票 ETF 同普通的指数基金一样，有宽基和窄基之分，意义也相同，宽基指成分股覆盖面比较广、包含的行业种类较多的 ETF，例如沪深 300ETF 和中证 500ETF 等；窄基指向某个行业、某个主题股票投资的基金，例如医药行业 ETF。

②债券 ETF 是以债券指数为跟踪标的的 ETF，包括国债、信用债及可转债等，投资的是一篮子债券组合，例如国债 ETF、可转债 ETF 等。但在实际的投资中，债券市场参与者一般都是机构，普通散户对于债券 ETF 的参与比较少。

③货币 ETF 是既可以在场内（证券交易场所内）交易，也可以申购赎回的货币市场基金，主要特点是在二级市场可以灵活买卖，风险较低。

④商品 ETF 指跟踪大宗商品价格指数走势的 ETF，比如黄金 ETF、有色金属 ETF 等。

此外，为了使投资者投资更加便捷，市场中还推出了一种 ETF 联接基金，它是指将基金资产大部分投向 ETF 的基金。ETF 基金只能在股票账户内买卖，如果想要在场外买 ETF 基金，可以买入 ETF 联接基金。这样就为投资者扩宽了投资渠道，使投资更加便捷。

ETF 基金的种类非常多，投资者在实际投资中可以借助普通指数基金的筛选办法进行筛选，具体如下：

第一步，选择基金类型。根据自己的投资风格和风险承受能力选择适合的基金类型。

第二步，选择目标指数。指数基金投资离不开对指数的选择，ETF 也是如此，ETF 与目标指数的拟合程度更高，更容易获得指数走势收益，所以，在选择指数时要慎重。

第三步，选择具体的 ETF 产品。选择时主要从基金规模、基金流动性及基金的历史业绩情况等方面来进行综合判断。

此外，还要注意基金的成立时间。投资者在筛选时要尽量避开新基金，因为新基金会有一个建仓期，通常有几周到几个月的时间，等建仓期快要结束时，看一下追踪误差，如果没有什么问题，好品种的基金也可以加入自选里。

经过上述一系列操作之后，相信投资者便可以筛选到自己心仪的 ETF产品了。

3.2　ETF 的花样投资法

ETF 既可以在一级市场交易，也可以在二级市场交易，虽然一级市场申购／赎回基金是以基金真实的基金净值进行交易，但是在二级市场的价格则是围绕基金真实的净值上下波动，价格在波动变化的过程中就出现了更多的获利机会，相比其他普通的指数基金，ETF 的投资方法也更多。

3.2.1　最简单的买入持有策略

买入持有指的是一种低位买进，长期持有的投资策略，这种投资方式与普通的指数基金投资相同，只要投资者对市场和行业的大方向有一个准确的判断，就可以通过指数化投资实现获利。

买入并长期持有策略是一种价值投资，在投资者看好市场发展的前提下，在一段较长的时期内持有不动，这是一种典型的被动型投资策略。虽然操作简单，但其中却蕴含着较深的投资原理。

因为 ETF 风险分散度较高，运作透明度高，且受到主观管理因素的影响较小，所以，可预期性较强。从长期投资、财富增值的角度来看，ETF 是一个适合长期投资的工具，根据过往境外成熟市场的经验与规律，从长期看，主动型基金战胜指数型基金的概率较低。

实例分析

买入并持有策略投资上证 50ETF（510050）

某投资者在选择 ETF 基金投资时，经过一番考察选择了上证 50ETF。因为上证 50 是挑选上海证券市场规模大、流动性好的最具代表性的 50 只股票组成样本股，以便综合反映上海证券市场最具市场影响力的一批龙头企业的整体状况。所以说上证 50 指数代表了优质蓝筹股，具有重大投资价值。

确定了投资对象之后，投资者仔细观察了上证 50ETF 的 K 线走势图，图 3-5 所示为上证 50ETF2018 年 2 月至 2019 年 2 月的 K 线走势。

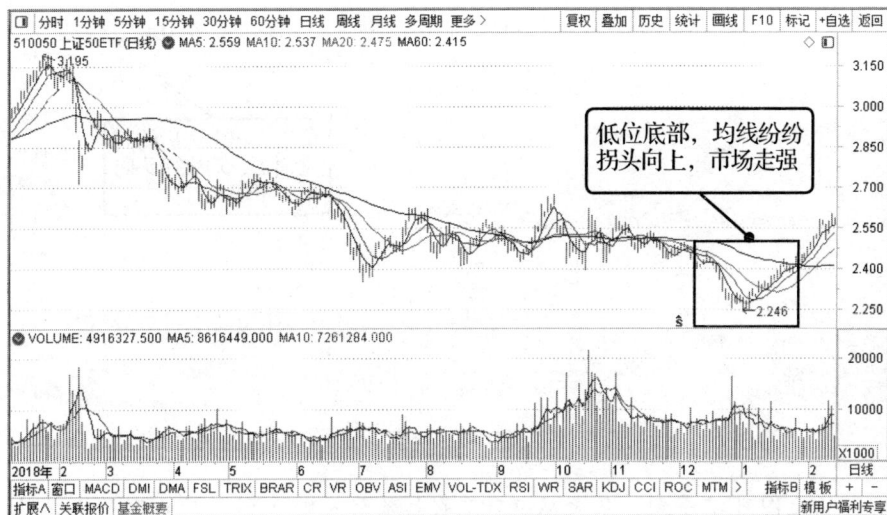

图 3-5　上证 50 ETF 2018 年 2 月至 2019 年 2 月的 K 线走势

从上图可以看到，2018 年 2 月上证 ETF 上涨至 3.195 元的高位后止涨，开启了长达一年的下跌行情。2018 年 7 月基金从 3.195 元跌至 2.40 元附近后止跌，随后基金在 2.40 元至 2.60 元做窄幅运动。

2018 年 12 月下旬，K 线连续收出大阴线，基金进一步下跌，跌至 2.246 元后止跌触底回升，均线系统拐头向上，表现出多头市场征兆，基金价格向上稳步攀升。说明经过一年的下跌行情，市场内的空头势能已经消耗殆尽，后市极有可能转入上升趋势中，于是投资者可以在此位置积极买入跟进。

该投资者的投资策略以长期持有为主，所以，对短期内的波动并不在意，但当基金上涨至高位区域，且出现见顶信号时，就应该及时离场。

图 3-6 所示为上证 50ETF 2020 年 3 月至 2021 年 3 月的 K 线走势。

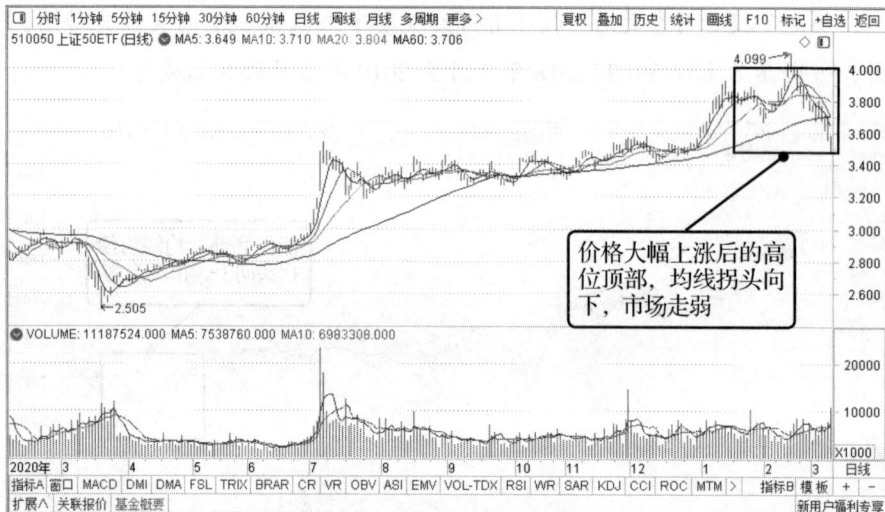

图3-6　上证50 ETF 2020年3月至2021年3月的K线走势

从上图可以看到，基金从2.505元上涨至3.40元附近后止涨并在该价位线上横盘调整。此时，基金的价格上涨幅度已经达到36%，投资者在此位置要引起注意，一旦基金出现拐头向下的迹象就应及时离场。

2020年11月，基金结束横盘再次向上攀升，基金价格上涨至3.80元价位线附近再次止涨，并在该价位线上下波动运行，此时涨幅达到52%，基金价格位置较高。2021年3月，短期均线和中期均线纷纷拐头向下，市场转弱，后市可能转入下跌通道中，此时投资者应尽快离场。

实例中的投资者使用的投资策略为简单的买入持有策略，在低位买进，在高位卖出，获取价差收益，这种方法要注意以下几点：

①买进持有策略减少了频繁的买进卖出操作，可以降低投资成本。

②买进长期持有策略应该忽略短期内的市场波动。

③长期持有中的长期是一个概念，具体的时间长短，不同的投资者有不同的理解，一般中长期投资在6个月～2年，长期投资在3～5年。

④买进卖出时要注意结合实际价格走向和市场信号，准确找到合适的

低位底部区域和高位顶部区域。

总的来看，虽然买入持有策略简单，但是只要投资者操作得当，同样能够获得不错的收益。

3.2.2　利用价差实现套利

在二级市场，ETF 的交易价格会围绕真实净值上下波动，形成价差，所以就出现了获利机会。具体如下：

①当二级市场价格＞基金净值，形成价差，为溢价，此时应买入一篮子标的资产，同时卖出 ETF，获取之间的差价收益。

②当二级市场价格＜基金净值，形成价差，为折价，此时应买进ETF，同时卖出一篮子标的资产，获取之间的差价收益。

③当二级市场价格＝基金净值，没有价差，无获利机会。

ETF 套利交易能够实现的关键在于"交易机制"，虽然我国的股票市场和 ETF 基金的二级市场都实行"T+1"交易制度，但交易所规定：申购的 ETF 基金份额可以当天在二级市场出售，同时通过 ETF 基金赎回的一篮子股票当天也可以在二级市场上出售。也就是说，ETF 在一二级市场分别申购 / 赎回和买卖交易时，有以下几点特殊规定：

①当日申购的基金份额，同日可以卖出，但不得赎回。

②当日买入的基金份额，同日可以赎回，但不得卖出。

③当日赎回的证券，同日可以卖出，但不得用于申购基金份额。

④当日买入的证券，同日可以用于申购基金份额。

正是这样的规定，使得两个市场结合，实现了 T+0，所以，当二级市场折溢价达到一定水平时，就形成了获利机会。

通过一二级市场的价差进行获利时，投资者做出申购／赎回和买进卖出决策的依据是基金的参考净值（IOPV），这个参考净值与基金净值不同，它是交易所根据 ETF 当日的申购清单成分股实时计算得来的，每 15 秒更新一次，所以 IOPV 对应了在交易时间真实的一篮子股票价值。而投资者获利的关键就是将 ETF 实时价格与 IOPV 进行比较，查看价差。此时通常用溢折率来描述这个价差，具体公式如下：

溢折率 =（ETF 现价 −IOPV）÷ IOPV

如果溢折率大于 0，对应溢价获利，此时投资者就应该在一级市场申购 ETF，然后在二级市场卖出，获取价差收益；如果溢折率小于 0，对应折价获利，投资者就应该在二级市场买入，然后在一级市场赎回，获取价差收益。

实例分析

平安创业板 ETF（159964）溢价套利

图 3-7 所示为平安创业板 ETF（159964）买卖盘信息。

159964 平安创业板ETF			
委比	-33.33% 委差		-285
卖五	2.030	59	
卖四	2.020	327	
卖三	2.018	37	
卖二	2.017	50	
卖一	2.016	97	
买一	1.956	100	-31
买二	1.955	45	
买三	1.950	40	
买四	1.936	50	
买五	1.935	50	
现价	2.011 今开		2.015
涨跌	-0.009 最高		2.040
涨幅	-0.45% 最低		1.955
总量	1876 量比		6.19
外盘	489 内盘		1387
IOPV	1.9352 昨PV		1.9601
PV涨	-1.27% 换手		0.08%
溢价	0.0758 溢率		3.92%

图 3-7　平安创业 ETF 买卖盘信息

从上图可以看到，该 ETF 基金的 IOPV 为 1.9352 元，基金的实时价格为 1.956，溢折价率为 1.07%，即（1.956-1.9352）÷1.9352，大于 0。所以，投资者此时应该买入一篮子股票在一级市场申购基金，然后在二级市场卖出 ETF，获取之间的差价收益。

3.2.3　震荡市场波段操作策略

波段操作策略是指价高时卖出、价低时买进的短线投资策略，因为市场永远是波动变化的，相比单边上涨或下跌的行情，反复震荡的行情更常见。如果想要在震荡行情中有所获益，投资者可以采取短线投资方法来获取投资机会，并提高收益率。

但是这种操作方法更适合有足够时间和精力，能够实时关注盘面变化，并有一定投资经验可以做准确技术分析的投资者。

实例分析

波段操作策略买进医药 ETF（159929）

图 3-8 所示为医药 ETF2020 年 8 月至 2021 年 9 月的 K 线走势。

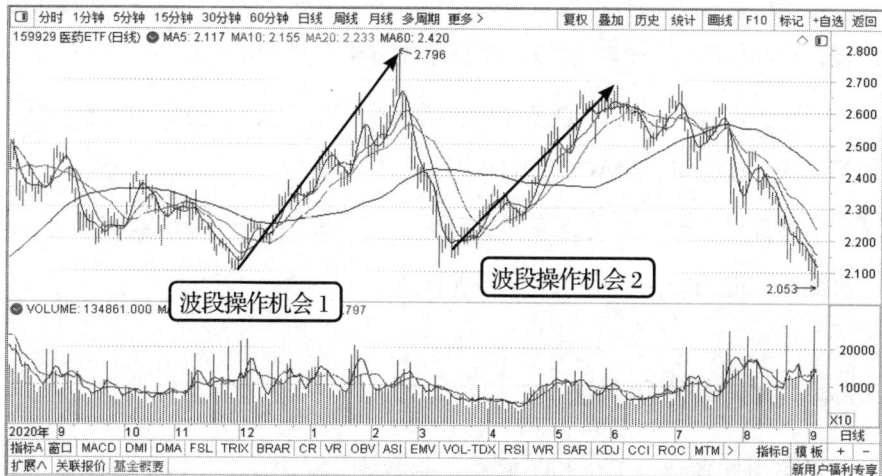

图 3-8　医药 ETF 2020 年 8 月至 2021 年 9 月的 K 线走势

从上图可以看到，医药 ETF 前期表现下跌走势，2020 年 12 月初，价格止跌拐头向上运行，与此同时，短期均线和中期均线纷纷拐头向上，长期均线走平，说明市场短期走强，投资者可以在此位置附近买进。

随后医药 ETF 价格震荡向上，2021 年 2 月 18 日，高开低走收出一根巨量大阴线，同时创下 2.796 元的新高，随后价格止涨下跌，均线纷纷拐头向下，说明市场走弱，此时投资者应立即离场。

医药 ETF 价格持续走低，2021 年 3 月中旬，价格跌至 2.20 元价位线附近止跌横盘运行，出现筑底迹象，3 月下旬，价格上涨，均线向上，说明上涨行情启动，此时为买进信号。

2020 年 8 月至 2021 年 9 月这一年多的时间内，医药 ETF 的价格在 2.10 元至 2.70 元横盘波动运行，变化并不大。如果此时以长期持有为投资策略，收益效果并不明显。但是，如果按照实例中波段投资的策略进行操作，则至少有两波投资机会，投资者也能获得不错的投资回报。因此，在震荡行情中，选择波段操作也是一个不错的投资方法，投资者在投资过程中要注意以下几点：

①波段操作买进时不要过分追求最低点，不要将低价位置理解为底部位置，只要能够买到相对低位，能够形成价格差异就是成功。

②在波段操作过程中要多注意各类技术指标的灵活运用和综合判断，包括均线、成交量、MACD、KDJ 等。

③波段操作卖出时要注意见好就收，逢高卖出，注意短线操作，这是一种比较稳健的做法，不要过度追求顶点。

3.2.4 ETF 事件套利法

ETF 事件套利是指在 ETF 跟踪的指数成分股出现涨 / 跌停、停牌等事件时，通过 ETF 的申购 / 赎回机制变相实现"买入"或"卖出"本不能通过二级市场交易得到的股票。根据事件对股票价格影响的好坏，ETF 事件套利可以分为多头套利和空头套利，具体内容如下：

◆ 多头套利

多头套利是指股票 A 因为某事件停牌，预计复牌之后股价可能会出现大涨，因为股票 A 在停牌期间不能买卖交易，所以，如果投资者想要把握住这一投资机会，可以考虑 ETF。

此时，投资者可以在二级市场买进 ETF 基金（ETF 基金中股票 A 为主要成分股），同时申请赎回 ETF 基金份额，取回一篮子股票，卖出除 A 股票以外的其他股票，仅保留 A 股票。这样 A 股票复牌大涨，就能坐享涨幅收益。

◆ 空头套利

空头套利与多头套利相反，它是指股票 A 因为某事件停牌，预计复牌之后股价可能会出现大跌，因为股票 A 在停牌期间不能买卖交易，所以，如果投资者要避免这一次的损失，那么可以通过 ETF 来变相卖出手中持有的 A 股票。

此时，投资者可以在二级市场买入 ETF 中除 A 股票以外的其他股票，用现金替代 A 股票一起申购 ETF。买进 ETF 后随即在二级市场卖出申购所得的 ETF，等 A 股票复牌后基金公司按复牌后的价格代为买入，替代的现金多退少补。

除了停牌之外，市场中还有一种一字涨跌停的情况，此时同样不能做买进卖出操作，但是投资者可以利用 ETF 来实现套利，具体如下：

◆ 一字涨停套利

如果投资者持有的 A 股票连续一字涨停，无法继续买入，且 A 股票是 ETF 的成分股，那么，此时我们可以通过 ETF 来变相买入 A 股票，获取潜在的收益。

投资者首先在二级市场买入ETF，随后立即申请赎回ETF，获得成分股，再立即卖出除A股票以外的其他股票，等待A股票上涨到合理位置后卖出A股票锁定收益，这样就能够享受一字上涨的收益。

◆ 一字跌停套利

一字跌停与一字涨停相反，即投资者持有的A股票连续一字跌停，但无法及时卖出，且A股票为ETF的成分股。此时，为了避免损失进一步扩大，我们可以通过ETF来变相卖出手中的A股票。

投资者需要在二级市场买入ETF中除A股票以外的其他股票，同时融券卖空ETF，等待A股票下跌到合理位置时买入，与之前购入的股票一起申购ETF还券结算。

ETF事件套利法实际上是对一二级市场交易制度的充分运用，通过实物申购/赎回机制和二级市场实时交易制度来完成股票的交易买卖，最终实现收益获利。

3.3　上市型开放式基金——LOF

ETF最大的特点在于既能在一级市场申购/赎回，也能在二级市场买卖交易，给了投资者很多的投资机会。此外，市场中还有一类基金，它也具有一级市场申购/赎回和二级市场买卖交易的特点，它就是上市型开放式基金——LOF，下面我们来具体看看。

3.3.1　LOF基金是怎么回事儿

LOF基金从概念上来看，它的英文全称是"Listed Open-Ended Fund"，意为"上市型开放式基金"。上市型开放式基金发行结束以后，投资者既可以在指定的网点申购与赎回基金份额，也可以在交易所买卖该类基金。

简单来说，上市型开放式基金既是一个场外基金，同时又是一个场内基金。这么一看，似乎 LOF 基金与 ETF 基金是一回事。其实不然，LOF 与 ETF 存在很大的不同。

虽然 LOF 基金可以在场外申购／赎回，也可以在场内买卖交易，但是它不能像 ETF 基金一样，在一级市场申购，二级市场卖出，或是二级市场买进，一级市场赎回。LOF 基金如果是在一级市场内申购的基金份额，只能在一级市场赎回，不能直接在二级市场卖出，如果想要在二级市场卖出，需要经过一定的转托管手续。同样地，如果投资者在二级市场买进基金份额，就需要在二级市场卖出，如果想要在一级市场赎回，则需要经过一定的转托管程序。

LOF 基金转托管分为两个部分：一是场外转场内；二是场内转场外。下面来分别进行介绍。

（1）场外转场内

场外转场内就是将场外（银行、基金公司等）申购的基金份额转入证券市场当中，主要包括以下几个步骤：

①开通基金 TA 账号（基金 TA 账户是投资者持有某基金管理公司基金的基金账号，主要用来记录投资者基金账户的情况）。

②办理场内场外账户关联手续。

③获取券商席位号。

④办理转托管，即填写转托管份额和券商席位号。

一般当天申请，第二个交易日转场内，第三个交易日可以到账，然后就可以卖出了。

（2）场内转场外

场内转场外是指将证券市场中买进的基金份额转入场外，具体步骤如下：

①开立场外基金账户，并获知拟转入销售机构代码。

②开户后下一个交易日起，通过转出券商将场内外账户建立业务关系。

③T日建立业务关系，T+1日即可到转出券商提出跨系统转托管申请。

④提交申请的两个工作日后，投资者可以通过转入方销售机构赎回基金份额。

可以看到，正是因为有了这种转托管机制，使得投资者无论是场内买入的基金份额，还是场外申购的基金份额，都可以选择直接卖出或者是赎回的变现方式，使投资更灵活。

但是，投资者在 LOF 交易的过程中还要注意下面几个问题，否则会影响投资收益。

①LOF 二级市场交易价格随行情即时变化，申购、赎回则以当日收市的基金份额净值成交，两者成交方式不同。

②二级市场买卖费用（成交额 3‰以内）与申购费用（申购金额 1.5%左右）、赎回费用（赎回金额 0.5% 左右）存在差异，体现在两种方式的成交价格会有所差异，投资者可以根据当日市场行情、基金净值的变化及成本差异决定选择买卖或者申购 / 赎回两种不同方式。

③投资者 T 日卖出基金份额后，资金 T+1 日即可到账（T 日也可做回转交易），而赎回资金至少 T+3 日到账；投资者 T 日买入基金份额，T+1日可用，而申购基金份额至少 T+2 日可用。

④二级市场买卖价格与基金份额净值会趋于一致，投资者进行委托操作时，应特别注意买卖与申购 / 赎回两种委托方式的区别和选择。

3.3.2　LOF 基金与 ETF 之间的差异

我们从 LOF 基金与 ETF 基金的概念上来看,两者都是可以在场内交易,场外申赎的基金,那么两者之间有什么联系和区别呢? 具体如表 3-3 所示。

表 3-3　LOF 与 ETF 的区别

项　　目		LOF	ETF
相同点		LOF 与 ETF 相同之处是同时具备两种交易方式。这种灵活的交易方式都为投资者提供了获利的可能性	
区别	定义	LOF 是普通的开放式基金增加了交易所的交易方式,它可能是指数型基金,也可能是主动管理型基金	ETF 本质上是指数型的开放式基金,是被动管理型基金
	门槛	LOF 产品申赎门槛普遍在 1 000 基金单位,适合普通的投资者	在一级市场上,ETF 申购赎回的基本单位不少于 50 万份,所以,ETF 的投资者一般是较大型的投资者,如机构投资者和资金规模较大的个人投资者
	基金净值	在二级市场的净值报价上,LOF 一天只提供一个基金净值报价	在二级市场的净值报价上,ETF 每 15 秒提供一个基金净值报价
	场所	LOF 申购 / 赎回既可以在代销网点,也可以在证券交易所完成	ETF 申购 / 赎回都在证券交易所完成
	仓位	LOF 需要留出 10% 以上的资金用于满足投资者的随时赎回操作,资金利用效率上不如 ETF 高效	ETF 会把所有资金进行相应投资,仓位在 95% 及以上
	策略	LOF 没有限定范围,既可以是被动型,也可以是主动投资型,更有余地	ETF 基本上跟踪的是指数和固定标的,是被动型投资
	交换	在申购和赎回时,LOF 与投资者交换的是现金	在申购和赎回时,ETF 与投资者交换的是基金份额和"一篮子"股票

根据上述比较可以看到，表面上 LOF 与 ETF 基金类似，但实际上 LOF 却与 ETF 基金存在较大的区别，投资者在实际的投资过程中需要遵循两者的特点选择适合自己的基金品种。如果投资者偏向于指数化的被动投资，则选择 ETF 基金，如果投资者更倾向于主动型的基金，就可以选择 LOF 基金。

3.3.3 LOF 基金套利原理及其策略

LOF 套利与 ETF 价差套利有异曲同工之妙，因为 LOF 基金的交易规则的特殊设计，使其拥有两个价格，一个是场外申购赎回基金份额时的基金净值，另一个是基金在二级市场中买卖的价格。当场外净值与场内价格出现了明显的价格差异时，套利机会就出现了。

根据场外净值与场内价格的大小比较，套利分为以下两种情况：

（1）溢价套利

溢价套利是指当二级市场价格 > 基金净值时，形成价差，为溢价。当溢价率大于交易成本及相对覆盖风险成本的时候，此时投资者可以在场外申购基金份额，再从场内卖出。

溢价套利的操作方法具体包括下面三个步骤：

① T 日，投资者在场外申购目标基金份额。申购场外基金的手续费最高是 1.5%，第一个交易日先在任何交易时段内进行场外申购（9:30 ～ 11:30，13:00 ～ 15:00），因为当天场外申购都是以收盘后的基金净值为准，所以，投资者在交易日的任意交易时间段买进都可以。

② T+1 日，确认基金份额，当天晚上，券商做完结算，就可以计算出份额和手续费。

③ T+2 日，交易所开盘之后，投资者就可以卖出获利。

此时，投资者的收益为"卖出的金额 – 买入的金额 – 交易成本"，因为要扣除交易成本，所以，投资者需要确定溢价率大于成本，且有收益空间才能套利。

交易成本是溢价套利和折价套利的重要问题，因为溢价套利和折价套利意味着投资者要频繁买进卖出，这就涉及各种手续费用，如果溢价率或折价率过低，显然不能起到套利的作用。

LOF 溢价 / 折价套利涉及的手续费用主要包括以下两类：

基金申购 / 赎回费用。申购基金需要支付申购费，不同机构申购费用不同，小部分不打折，大部分都是打 4 折，有些打 1 折。基金赎回有赎回费，根据基金的不同、持有时间长短等，有 1.5%、0.5% 或 0 等赎回费率。

基金交易佣金。基金场内买卖交易，证券公司会收取交易佣金。交易佣金如何收取，不同券商不一样，需要咨询开户券商。

下面来看一个溢价套利的例子。

实例分析

海富通中证 100 指数（LOF）A（162307）溢价套利分析

图 3-9 所示为集思录官网查询的 LOF 指数基金信息，从图中可以看到，海富 100 的溢价率为 3%，这个溢价程度明显高于交易成本，所以，可以作为套利对象进行考虑。

代码	名称	现价	涨幅	成交(万元)	场内份额(万份)	场内新增(万份)	换手率	基金净值	净值日期	实时估值	溢价率	
161812	银华100	1.438	0%	98.02	35137	-140	0%	1.4380	2021-09-23	1.4429	-0%	深
161816	银华90	0.984	-2%	1.28	5768	0	0%	0.9903	2021-09-23	0.9896	-1%	等
161907	万家红利	2.362	-3%	79.13	1363	2	2%	2.4292	2021-09-23	2.3563	0%	中
162216	泰达500	1.699	-1%	12.79	1361	1	1%	1.7283	2021-09-23	1.7015	-0%	中
162307	海富100	1.555	0%	0.00	194	0	0%	1.5070	2021-09-23	1.5114	3%	中
162412	医疗基金	1.261	1%	132.79	10522	-2	1%	1.2560	2021-09-23		-1%	中
162509	中证100E	0.956	1%	0.42	8493	-1	0%	0.9560			-0%	中
162510	国安中小	1.131	0%	0.00	351	0	0%	1.1440	查看高溢价率		-0%	中
162711	广发500L	1.653	-0%	4.79	1221	-1	0%	1.6732	2021-09-23	1.6473	0%	中

图 3-9　查看基金溢价率

我们进一步查看基金当日的价格情况，如图 3-10 所示，可以看到基金二级市场现价为 1.555 元，基金净值为 1.5070 元，存在较大差额。

代码	名称	现价	涨幅	成交(万元)	场内份额(万份)	场内新增(万份)	换手率	基金净值	实时估值	溢价率	跟踪指数	指数涨幅
162307	海富100	1.555	0%	0.00	194	0	0%	1.5070	1.5114	3%	中证100	0%	1.2

海富100	价格	挂单(万元)
卖5	1.541	0.015
卖4	1.540	0.001
卖3	1.538	1.743
卖2	1.536	0.015
卖1	1.533	1.640
买1	1.491	0.641
买2	1.490	0.075
买3	-	-
买4	-	-
买5	-	-
现价	1.555	0.000

2021-06-30 股票总占比：94.13% 股票总市值：0.84亿元

序号	股票代码	股票名称	现价	涨跌幅	占净值比例	持股数(万股)
1	600519	贵州茅台	1694.00	3.61%	9.14%	0.390
2	601318	中国平安	48.08	-0.29%	5.61%	7.750
3	600036	招商银行	48.77	-0.14%	5.01%	8.210
4	600276	恒瑞医药	49.80	4.21%	2.62%	3.420
5	601166	兴业银行	17.92	-1.65%	2.61%	11.260
6	000333	美的集团	67.20	0.61%	2.38%	2.960
7	601012	隆基股份	81.81	2.02%	2.37%	2.370
8	601888	中国中免	247.00	5.29%	2.27%	0.670
9	600887	伊利股份	37.08	3.84%	1.95%	4.690

图 3-10　基金价格详情

因此，投资者此时应该立即在场外以基金净值价格申购海富 100 LOF 基金份额。需要注意的是，为了尽量降低投资风险，投资者操作的时间应接近收盘时间更为稳妥。当天申购买进后，需要等待基金份额确定，所以，还不能做任何的操作。

第二天，也就是基金买进的第二个交易日，基金公司为投资者确认基金份额和交易手续费。这一天投资者无法做任何的操作，LOF 套利的风险主要也就是这一天。

第三天，这一天基金份额可以卖出了，证券市场开盘之后就可以卖出，注意卖出的时候要在场内卖出，而非场外赎回。

经过这一系列的操作之后，溢价套利就完成了。

（2）折价套利

折价套利与溢价套利相反，它是指当二级市场价格＜基金净值时，形成价差，为折价。此时投资者应该在场内买进基金，随后在场外赎回基金份额，赚取价差收益。

理论上是如此，但是场内买入的基金，当天是不可以赎回的，必须要等到第二个交易日才可以赎回。如果投资者以新买进的基金做底仓，就要承担一天的价格波动风险，这样投资风险过大，所以，不适合进行折价套利。但如果是本身就已经长期持有的基金，发现折价套利机会时，就可以通过该方法来获取价差收益。因此，折价套利仅适合本身已经长期持有的基金做底仓套利。

折价套利的步骤如下（新买进基金步骤）：

① T 日，在 15:00 之前买进当天折价率高的目标 LOF 基金，时间越靠近收盘时间，风险越小。当然，因为是在二级市场买进，价格是实时波动的，所以，投资者也可以在盘中的低点位置买进。

② T+1 日，投资者申请赎回基金份额。

③ T+3 日，证券公司完成结算，资金到账。

在实际投资中，因为基金赎回的费率较高，所以，对折价率的要求很高，且在赎回时一般不会有费率优惠，因此收益空间很小，通常不建议做，除非存在较大的折价空间。

通过上述对溢价套利和折价套利的介绍，我们可以看到，实际上套利也存在较大的风险，因为套利的核心是场内外的转换，而 LOF 交易规则使得基金场内外转换需要时间，具体如下：

◆ 场内买入的基金，第二天才能赎回。

◆ 场外申购的基金，第三天到账后才能转到场内卖出。

与此同时，基金的净值每天都不一样，而场内基金的价格也实时变化，场内价格与场外净值如果有比较大的差额，通常保持的时间都不长。所以，投资者发现了套利机会再去参与的话，时间上可能会来不及，只有原本就持有 LOF 基金，再发现套利机会，抓住套利机会的可能性更大。

总的来看，套利是偶发的，只有看好一只基金，买入并长期持有，在持有的过程中出现套利机会，顺便套利一下提高收益。在套利机会出现时，当天完成买入和卖出，锁定差价。原来持有的份额高价卖出，低价买入的份额放着，份额不变，赚取价差收益，也就是底仓套利。

最后，除了仓位之外，投资者还要注意时机，基金出现溢价／折价通常集中在几个时间节点上，投资者可以提前对这些时间节点进行关注，以便及时发现套利机会。

①市场出现重大利空或者是利好消息。

②牛市行情或熊市行情容易出现套利机会。

③基金限额申购／赎回容易出现套利机会。

理财贴士 *溢价率计算*

投资者套利最重要的就是查看溢价率，那么这个溢价率是怎么来的呢？我们查看的溢价率实际上是估值溢价率，溢价率公式为"溢价率＝基金当天收盘价格／当天基金净值"，但是当天的收盘价格和基金净值要在15:00收盘以后才能得到，所以收盘前我们看到的都是以基金估值进行计算的溢价率，公式为"估值溢价率＝基金场内交易价格／基金估值"。所以，我们得到的溢价率可能与最终的溢价率存在一些差异。

3.3.4 掌握基本的看盘技巧

ETF基金和LOF基金都能在一级市场和二级市场交易，想要更好地把握住两个市场之间的套利机会，就需要掌握一些基本的看盘技巧，才能游刃有余地在两个市场之间游走。

这里的盘主要是指基金的分时走势盘，投资者需要了解一些必要的交易规则和知识，才能更准确地抓住一些转瞬即逝的套利机会。

分时走势图也叫即时走势图，它是把证券市场的交易信息实时地用曲线在坐标图上加以显示的技术图形。坐标的横轴是开市的时间，纵轴的上半部分是价格，下半部分显示的是成交量。分时走势图是股市现场交易的即时资料。图 3-11 所示为分时走势。

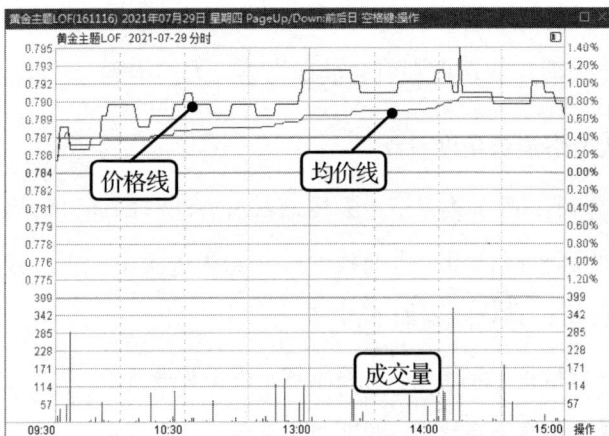

图 3-11　分时走势

投资者在查看分时走势图时主要从两个方面进行：一是时间；二是价格走势。

（1）从时间的角度看盘

根据分时走势图我们可以看到，每个交易日的交易时间为 4 个小时，我们可以将其分为三个阶段来进行查看。

① 9:15 ～ 9:25，这一阶段属于集合竞价的开盘阶段，在这一阶段中，市场内的多空情绪分歧较大，交易量也比较大，双方为了争夺当日的开盘价都会铆足干劲。在这样的情况下，更容易出现一些套利机会，所以投资者尤其需要注意这一阶段价格的变化。

② 9:30 ～ 11:30，13:00 ～ 14:30，这两个时间段是常规的交易时间段，出现套利的机会较少一些，可以不必过多关注。

③ 14:30 ～ 15:00 属于尾盘阶段，其中 14:30 ～ 14:55 是投资者套利的黄金时间，越是靠近收盘时间，投资者承受的风险越低。注意，14:57 以后，

LOF 基金场内交易为收盘集合竞价交易，此时挂单交易即便成功也要等到 15:00 结算，所以，不要在这个时间段卖出基金份额进行套利。

但是，如果投资者是在场外申购操作，则可以在 14:57 以后操作，但必须在 15:00 以前完成，否则就会被视为第二天的申购。

（2）从价格走势角度看盘

投资者套利还必须掌握一定的技术看盘方法，即通过价格线的走势情况找到价格的高点或低点，进而找到最佳的买进卖出位置。我们可以利用均线来帮助分析，具体内容如下：

◆ 如果价格线上穿均线，说明市场走强，买进做多。

◆ 如果价格线下穿均线，说明市场走弱，卖出做空。

◆ 价格线在均线附近上方多次受到支撑，再次在均线位置回踩买进做多。

◆ 价格线在均价线下方附近多次受到阻力，在均线附近拐头向下时卖出做空。

◆ 价格线急速上涨但又快速勾头下走，形成尖尖的倒 V 字顶，卖出做空。

◆ 价格线急速下跌但又快速勾头上走，形成尖尖的 V 字底，买进做多。

第4章

指数基金投资要讲究策略

　　很多人对指数基金存在误解，认为指数基金作为被动型基金不需要投资技巧和策略，只要选择好基金买进即可。其实不然，指数基金投资也讲究策略，不同的投资策略带来的投资回报是不同的。

- ○ **金字塔仓位管理法**
- ○ **矩形仓位管理法**
- ○ **灵活的网格交易法**
- ○ **大小盘轮动策略投资**
- ○ **行业指数轮动策略**
- ○ **......**

4.1 仓位管理策略投资

仓位管理听起来好像挺高大上的，但其实就是指投资者决定投资某个基金时，资金如何分批入场的技巧。很多投资者对仓位管理不甚重视，觉得可有可无，但其实做好仓位管理能够帮助投资者降低投资风险，使投资留有余地，提高成功概率。

投资者在投资过程中最大的问题在于面对市场波动时不能冷静对待，随意补仓和清仓，这一行为使得收益都被亏损覆盖，得不偿失。但仓位管理能够让我们更科学地、有计划地对资金进行入场离场安排，从而更理智地应对市场波动。这里我们将介绍三种实用的仓位管理方法。

4.1.1 金字塔仓位管理法

金字塔建仓法是在投资者中比较风行的一种建仓方法，是一种长期投资理念。指数从长期来看趋势是向好的，所以，当价格下跌时，以金字塔的方式建仓，越跌越买，那么一旦价格回到正常轨道后，投资者自然就能够获利。

根据加仓比例的不同，金字塔建仓法又分为两种：一种是正金字塔建仓法，另一种是倒金字塔建仓法。

（1）正金字塔建仓法

正金字塔建仓法指投资者初入市场时资金量大，但是如果市场行情按照相反方向运行则不再加仓，如果方向一致，便逐步加仓，且加仓的比例逐渐减小。这样的加仓方式使得仓位呈现出下方大、上方小的形态，像一个金字塔，所以称为正金字塔建仓法。图 4-1 所示为正金字塔建仓法的示意。

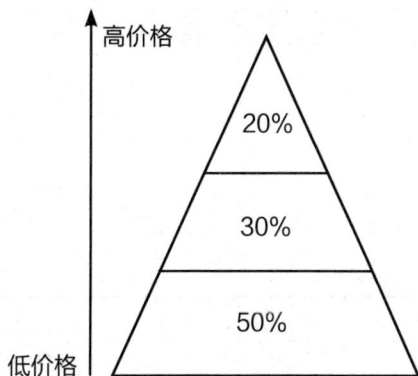

图 4-1　正金字塔建仓法

上图中，金字塔上端表示较高的价格，金字塔下端表示较低的价格。该金字塔分为三层仓位，第一层仓位建仓 50%，第二层仓位建仓 30%，第三层仓位建仓 20%。当然，在实际的投资中也可以分为四层仓位、五层仓位等。

采用正金字塔建仓法的优点在于，低价位时买得多，仓位重，高价位时买得少，仓位轻。虽然这种建仓方法没有一次性全仓获利得多，但是能够降低因价格下跌带来的风险。正金字塔建仓法更适合在牛市行情或上升通道中运用，如果处于牛市末期就不再适用。

实例分析

沪深 300（000300）正金字塔建仓分析

图 4-2 所示为沪深 300 指数 2015 年 7 月至 2019 年 4 月的 K 线走势。

可以看到，2015 年 7 月，沪深 300 指数从 5 380.43 点的高位开始下跌，随后转入下跌趋势之中。2016 年 2 月，指数跌至 2 821.21 的低位止跌回升，但此番回升的力度有限，回升至 4 400 点附近便止涨再次下跌。

2019 年 1 月，沪深 300 指数下跌至前期低位附近时止跌回升，此时均线系统中的各个均线纷纷拐头向上，呈现出多头排列，说明市场走强，后市可能迎来一波上涨。

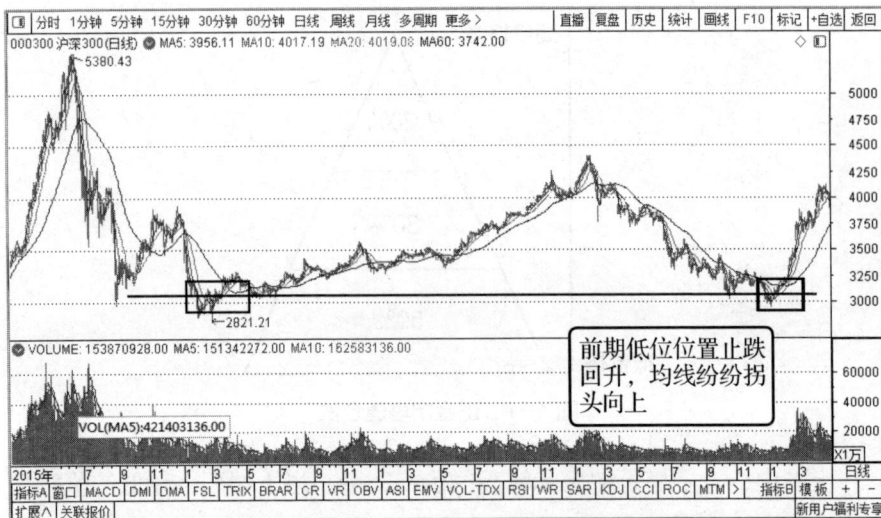

图4-2　沪深300指数2015年7月至2019年4月的K线走势

为了降低投资风险，投资者此时可以采用正金字塔法进行建仓，在指数上涨的过程中，逐渐加仓，低位投入更多比例的资金，指数越长越高，加仓的比例则越来越小。

图4-3所示为沪深300指数2018年1月至2021年2月的K线走势。

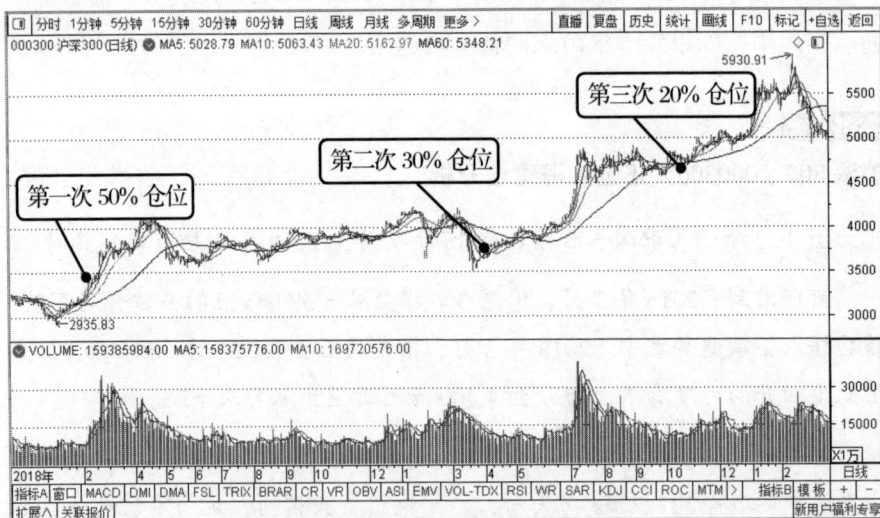

图4-3　沪深300指数2018年1月至2021年2月的K线走势

从图上可以看到，在指数上涨的过程中逐渐加仓，逢低则加仓，随着指数的不断升高，加仓的比例也越来越小。

实例中介绍的是比较典型的正金字塔建仓法，在实际的投资过程中可以细化建仓的成数和降低建仓的比例，这样可以使投资风险更低。只要上升趋势不发生改变，投资者便可以一直持有。

（2）倒金字塔建仓法

倒金字塔建仓法与正金字塔建仓法相反，它是前期投入的资金体量小，后期加入的资金体量逐渐增大。这是一种逆向操盘手法，即价格越跌越买，且跌得越多，投入的资金量就越大。图 4-4 所示为倒金字塔建仓法的示意。

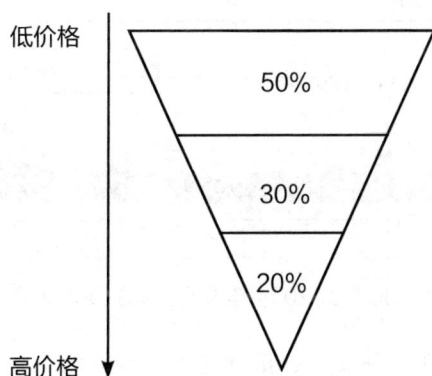

图 4-4　倒金字塔建仓法

图中，金字塔上端表示较低的价格，金字塔下端表示较高的价格。该金字塔分为三层仓位，第一层仓位建仓 20%，第二层仓位建仓 30%，第三层仓位建仓 50%。当然，在实际的投资中倒金字塔也可以分为四层仓位、五层仓位等。

倒金字塔建仓法的优点在于，高价位时买得少，低价位时买得多。在指数下跌的过程中，不断用更大比例的资金跟进，直至在低点建仓完成。这样的操作可以随着加仓次数和比例的增加不断降低买进成本，一旦市场向好，投资者便可快速获利。

实例分析

科技100（399608）倒金字塔建仓分析

图4-5所示为科技100指数2014年9月至2019年2月的K线走势。

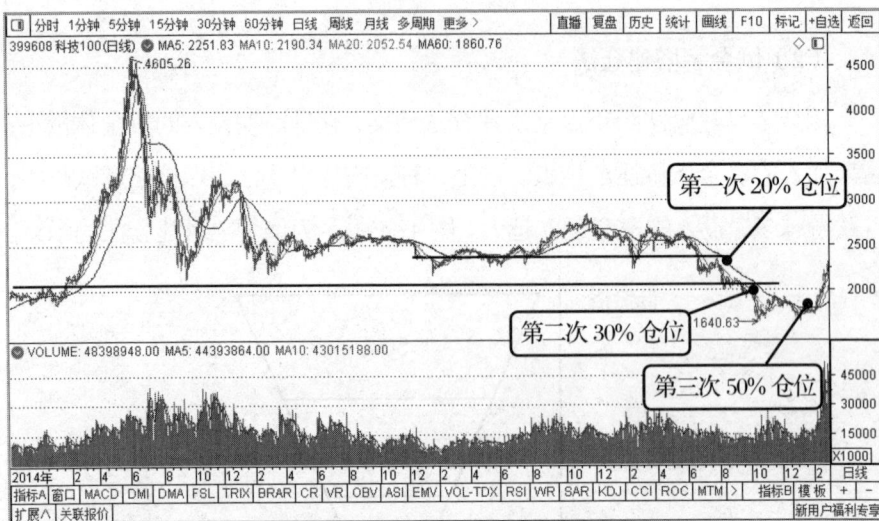

图4-5 科技100指数2014年9月至2019年2月的K线走势

从上图可以看到，科技100指数前期表现上涨，指数上涨至4 605.26点后便止涨下跌，转入下跌趋势中。虽然指数在2015年8月有过一次较大规模的反弹，但是上涨至3 200点附近便再次止涨下跌，随后更是长时间在2 500线上下波动。

2018年6月，指数进一步下跌跌破2 200点，打破原先的平衡，说明市场可能在试探底部，新的一轮上涨可能来临，但指数也有可能会继续下跌，为了不错过可能上涨的行情，也为了能够降低投资风险，此时投资者可以运用倒金字塔建仓法，在此位置少量建仓20%。

随后指数继续下挫，跌破前期低位2 000点，投资者可在此位置继续建仓30%。2018年9月，指数继续下跌，在10月创下1 640.63点的新低后止跌并小幅回升，但此次回升并未持续较长时间，很快便再次下跌，并再次跌至 1 650 点附近止跌，此时为投资者建仓的大好机会，再次加仓 50%。两次止跌回升形成 W 底形态，说明市场拉升在即。

图 4-6 所示为科技 100 指数 2018 年 10 月至 2021 年 8 月的 K 线走势。

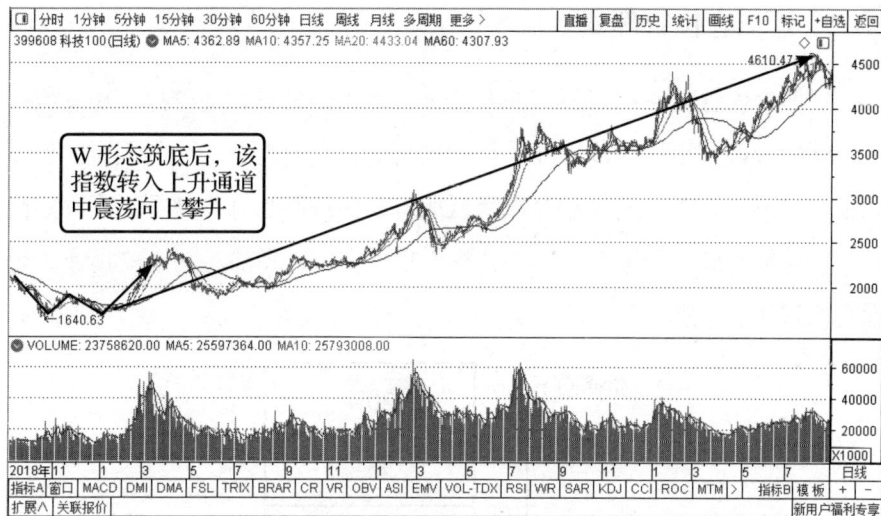

图 4-6　科技 100 指数 2018 年 10 月至 2021 年 8 月的 K 线走势

从上图可以看到，2018 年 10 月科技 100 指数 W 形态筑底后，该指数转入上升通道中，震荡向上攀升，最高上涨至 4 610.47 点，涨幅巨大。投资者获益不菲。

在实际的投资中，投资者往往难以精准地抓住最低点，甚至可能在半山腰买进，但是这种倒金字塔的建仓方式能多次探底，找寻更低位，可以摊低成本，降低投资风险，使投资更稳妥。

需要注意的是，倒金字塔是逆市操盘，越跌越买，这就需要投资者对市场未来的走向有一个准确的判断，否则一旦判断失误便会造成严重的经济损失。

此外，使用金字塔建仓（包括正金字塔和倒金字塔）要注意以下两点：

①使用金字塔建仓的前提是基金价格跌至前期底部，有底部信号才能开始建仓。

②建仓之前就要设定好仓位成数和比例，不可中途临时更换。

4.1.2　矩形仓位管理法

矩形仓位管理法指将所有的仓位进行等比例划分，使得每一份仓位都是相同的金额。矩形仓位管理法初始进场的资金量占总资金的固定比例，如果行情下跌，以后逐步加仓以降低成本，但每次加仓都遵循这个固定比例，使得形态像一个矩形，因而被称为矩形仓位管理法。图 4-7 所示为矩形仓位管理法示意。

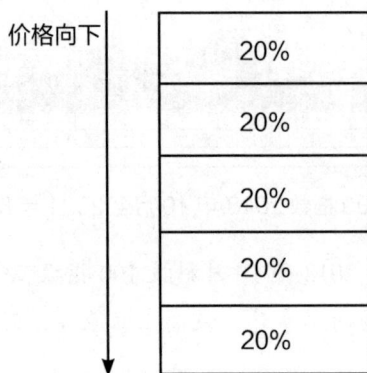

图 4-7　矩形仓位管理法

从上图可以看到，矩形上端表示较高的价格，矩形下端表示较低的价格。该矩形仓位为五层仓位，每层仓位 20%，在价格下跌的过程中陆续加仓。当然，在实际的投资中也可以根据自己的需要更换成三层仓、四层仓及其他仓位。

矩形仓位管理法更适合于震荡市场中，投资者无法准确判断未来市场行情，则可以用这种等比例分批加仓的方式来逐步分摊风险。

实例分析

小盘价值（399377）矩形建仓分析

图 4-8 所示为小盘价值指数 2020 年 6 月至 2021 年 3 月的 K 线走势。

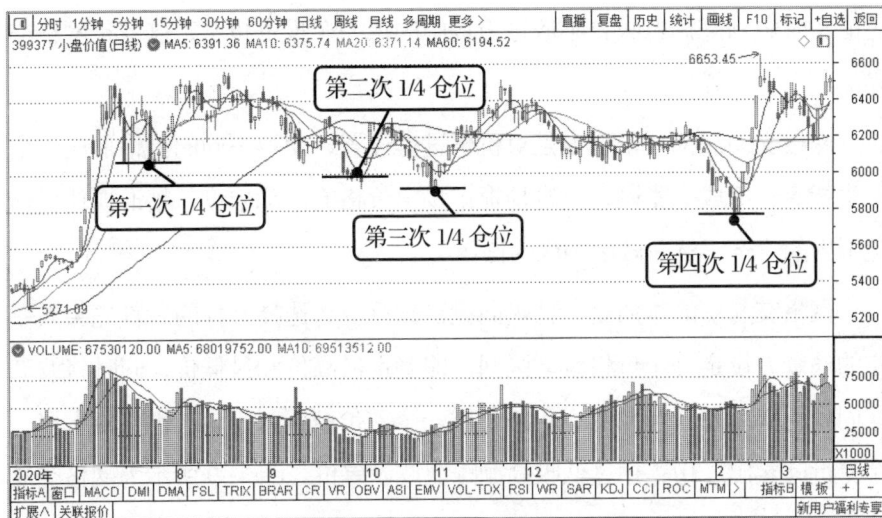

图 4-8　小盘价值指数 2020 年 6 月至 2021 年 3 月的 K 线走势

从上图可以看到，2020 年 6 月小盘价值指数表现上涨，均线系统呈多头排列，市场走强。当指数上涨至 6 400 点附近后止涨回调，投资者认为此时为买进机会，但因为对后市的走向把握不准，所以，准备用矩形建仓的方式进行建仓。在此回调位置买进 1/4 仓位。

指数小幅回调后止跌回升，但上涨至 6 400 点位置附近时再次止涨，横盘一段时间后下跌，当指数跌破买进位置时再次买进 1/4 仓位。

随后指数持续横盘震荡运行，投资者则继续使用同样的方法，一旦指数下跌跌破上一个买进位置时便加仓，摊平投资成本，直至建仓完成。

从上图可以看到，在震荡的行情中，通过逢低补仓的方式，后续的资金将前期高位资金的成本拉低，这样一来后市只要轻微的反弹，投资者便能盈利。但需要注意的是，由于是等分，后续资金相对于持仓的比例是递减的，拉低成本的效果也是递减的。

4.1.3 灵活的网格交易法

市场中的价格总是波动变化的，投资者很难精准地抓住买卖时机，但是有这么一种聪明的仓位管理方法，不仅可以灵活地帮助投资者管理仓位，还能及时做到高抛低吸，不放过市场中的每一个投资机会，这就是网格交易法。

网格交易法简单来说就是对价格进行设置，使得不同的价格形成一个买卖指令，组成一张网，及时捕捉市场中价格的波动幅度，精准抓住目标范围内的价格，然后做出相应的操作。

网格交易法的本质是"低吸高抛"，投资者选择好标的后首先买入一定的底仓，设定一个价格波动区间，即确定最高价和最低价，同时将波动区间分为 N 等份（差价），价格每跌一个差价就买入一份，价格每上涨一个差价就卖出一份，通过低吸高抛赚取波段差价。图 4-9 所示为网格交易法示意。

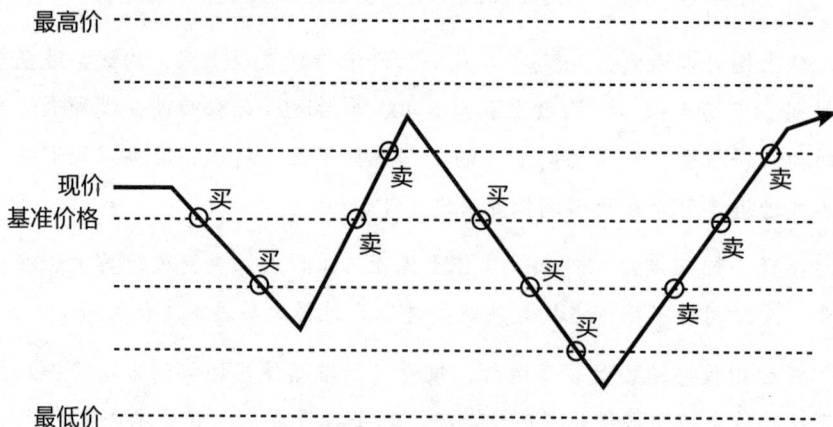

图 4-9 网格交易法

从上图可以看到，图中一共发生了五次买入和五次卖出，产生了五对差价，共获得五份利润。

下面我们再以一个具体的数据例子来说明网格交易法。

实例分析

网格交易数据说明

假设某指数基金的买进位置为 1.00，将其设置为基准价格，并设置一个 0.10 元的差价，且最低价为 0.50 元，最高价位为 1.50 元。投资者买进 1 万份，每次基金上涨 1 个差价便卖出 2 000 份额，下跌 1 个差价便买进 2 000 份额，图 4-10 所示为网格交易示意。

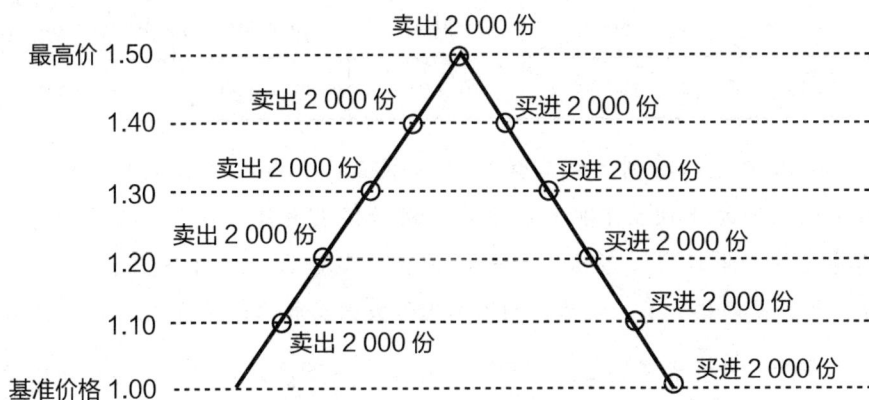

图 4-10　网格交易示意图

投资者的账户变动情况如表 4-1 所示。

表 4-1　账户变动

基金净值	持有份额	市值（元）	账户现金（元）	总资产（元）
1.00	10 000	10 000.00	0	10 000.00
1.10	8 000	8 800.00	2 200.00	11 000.00
1.20	6 000	7 200.00	4 600.00	11 800.00
1.30	4 000	5 200.00	7 200.00	12 400.00
1.40	2 000	2 800.00	10 000.00	12 800.00

续表

基金净值	持有份额	市值（元）	账户现金（元）	总资产（元）
1.50	0	0	13 000.00	13 000.00
1.40	2 000	2 800.00	10 200.00	13 000.00
1.30	4 000	5 200.00	7 600.00	12 800.00
1.20	6 000	7 200.00	5 200.00	12 400.00
1.10	8 000	8 800.00	3 000.00	11 800.00
1.00	10 000	10 000.00	1 000.00	11 000.00

从表中可以看到，该基金的单位净值从 1.00 元上涨至 1.50 元，随后又从 1.50 元下跌至 1.00 元，表面上看净值没有什么差别，投资者持有的基金份额也还是 1 万份，但是投资者的现金账户中却多出了 1 000.00 元，这就是网格交易的魅力，利用高抛低吸来赚取波段差价。

当然，投资者买进之后，价格也可能出现下跌，此时同样运用网格交易法进行投资操作，每次基金下跌 1 个差价便买进 2 000 份额，上涨 1 个差价便卖出 2 000 份额，逢低吸收，逢高卖出。

图 4-11 所示为网格交易示意。

图 4-11　网格交易示意

此时，投资者的账户变化如表 4-2 所示。

表 4-2 账户变动

基金净值	持有份额	市值（元）	账户现金（元）	总资产（元）
1.00	10 000	10 000.00	10 000.00	20 000.00
0.90	12 000	10 800.00	8 200.00	19 000.00
0.80	14 000	11 200.00	6 600.00	17 800.00
0.70	16 000	11 200.00	5 200.00	16 400.00
0.60	18 000	10 800.00	4 000.00	14 800.00
0.50	20 000	10 000.00	3 000.00	1 3000.00
0.60	18 000	10 800.00	4 200.00	15 000.00
0.70	16 000	11 200.00	5 600.00	16 800.00
0.80	14 000	11 200.00	7 200.00	18 400.00
0.90	12 000	10 800.00	9 000.00	19 800.00
1.00	10 000	10 000.00	11 000.00	21 000.00

从表中内容可以看到，在下跌行情中，投资者采用网格交易法先买后卖，虽然最终持有的基金份额不变，基金单位净值也没有变化，但账户余额中却产生了 1 000.00 元的收益。这就是网格交易利用价格波段差带来的收益。

需要注意的是，在下跌行情中采用网格交易法时投资者的现金账户中需要留有一定的资金，这样才能做买进卖出操作。

明白了网格交易是怎么一回事儿之后，作为投资者，最关心的是如何操作网格交易。网格交易并不复杂，只需要五个步骤即可完成，具体操作如下：

第一步，选择目标基金。这里需要注意的是：因为网格交易会频繁地买进卖出且实时成交，所以，在选择基金时优选场内基金，这样交易更及时，费用也更划算。此外，在选择时也要尽量选择交易费用尽可能低的品种，否则投资带来的收益会被来回操作所支付的手续费给"吃掉"。

第二步，建立网格交易合适的底仓。这个仓位的大小需要根据市场的估值情况而定，如果当前估值较低，则底仓可以稍微提高一些；如果当前的估值较高，则可以先轻仓。

第三步，设定网格的大小。这个没有固定的要求，投资者可以根据自己的风险承受能力及市场的走势来进行设定。例如，设定某基金的底部价位为 0.50 元，价格间隔为 0.05 元，顶部价格为 2.00 元，即每下跌 0.05 元则买入 1 份，每上涨 0.05 元则卖出一份，价格跌出 0.50 元或者涨出 2.00 元则暂停交易。

第四步，设置交易份额。投资者需要根据账户内可使用的资金余额和网格下线来计算出交易份额。如上述实例所示，账户余额为 10 000.00 元，那么，资金可以在 0.90、0.80、0.70、0.60、0.50 时各买进 2 000 份。

第五步，设置自动交易的时间。投资者需要设置自动交易的时间，使其长期有效，不断低吸高抛，赚取波段收益。

总的来看，网格交易将仓位与价格波动结合起来，是更简单、更实用的操作方法，使投资者更能捕捉到市场中的价格波动，赚取更多的价差收益，提高收益率，尤其是对新手投资者而言，这样的投资方式和操作更简单、便捷。

4.2　指数轮动策略投资

进行轮动策略投资之前，要对轮动策略有一个了解。所谓轮动策略就是指不同投资产品的强势时间并不重合，从时间轴来看有一定程度的错开，因此，投资者可以利用这种性质，在不同的时间段切换到不同的强势产品上，从而提高投资收益率。

4.2.1　大小盘轮动策略投资

仔细观察指数基金可以发现，市场中的基金表现总是一段时间大盘指数基金涨势喜人，一段时间又是小盘基金涨势喜人，且它们各自强势的时间不同，这就是大小盘轮动。

如果投资者能够有效抓住大小盘指数基金轮动的规律，在大盘指数基金强势时买进大盘指数基金，在小盘指数基金强势时又转入小盘指数基金，就可以赚取超额的投资收益。但是，如果大小盘都表现为弱势时，应持有货币或债券等固定收益类资产躲避熊市风险。

一般来说，大小盘轮动策略以沪深 300 指数和中证 500 指数分别作为大盘权重股和中小盘权重股的代表，并根据指数表现来判断趋势，进行大小盘轮动的择时操作。

图 4-12 所示为华泰柏瑞沪深 300ETF（510300）和广发中证 500ETF（510510）两个基金的收益对比。

从图中可以看到，华泰柏瑞沪深 300ETF 和广发中证 500ETF 两个基金 2019 年 9 月至 2021 年 9 月这两年的走势大致相同，整体向上攀升。但是，仔细观察可以发现，尽管两者的走势基本相同，两个基金却呈现轮动规律，在 A 段和 C 段华泰柏瑞沪深 300ETF 表现强势，而在 B 段和 D 段广发中证 500 ETF 表现更强势。

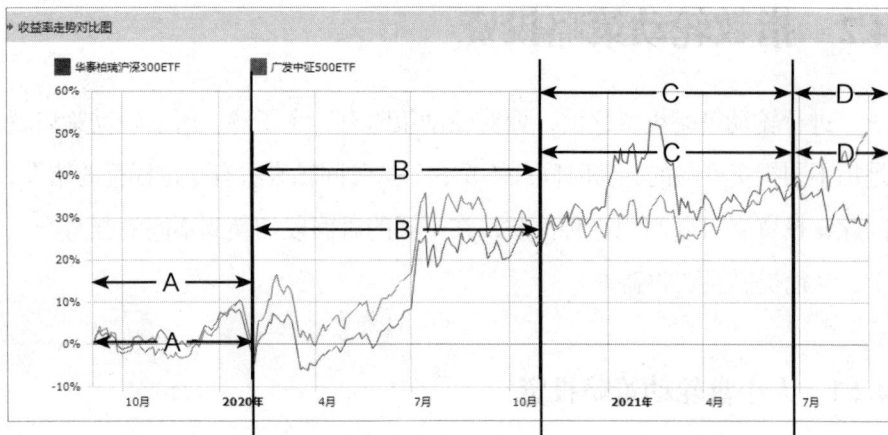

图 4-12　华泰柏瑞沪深 300 ETF 和广发中证 500 ETF 收益对比

尽管投资者单独投资两个基金中的某一只基金也能获益，但是如果投资者能采用轮动投资策略，在华泰柏瑞沪深 300 ETF 表现强势时买进，在广发中证 500 ETF 表现强势时转入广发中证 500 ETF，就可以获得超额的投资回报。这就是所谓的大小盘指数轮动策略。

大小盘轮动策略的具体操作如下：

①分别选择一只大盘沪深 300 指数和一只中小盘中证 500 指数中的目标指数基金。

②每日收盘后对比当日收盘数据与 20 个交易日前的收盘数据，选择沪深 300 指数和中证 500 指数中涨幅较大的一个，于下一个交易日收盘时切换为持有该指数基金。

③如果两个指数均为下跌，则于下一个交易日收盘时切换为持有国债指数基金。

实际上，大小盘轮动的核心就是"追涨杀跌"，这样的操作策略在趋势明显的市场，轮动策略的效果更好。比如牛市中市场趋势性上涨，容易获得超额收益；熊市中能够及时预警，赎回权益资产买入货币基金，从而躲避下跌，降低熊市风险。

4.2.2 行业指数轮动策略

行业轮动与大小盘轮动核心策略相同，都是利用市场趋势获利的一种交易策略，但是行业轮动是利用不同投资品种强势时间的错位对行业品种进行切换，以达到投资收益最大化的目的。简单来说，就是根据不同行业的区间表现差异进行轮动配置，以抓住各个区间内表现较好的行业，从而提高整体投资收益。

行业轮动听起来似乎很复杂，但是实际上在投资实战中我们经常能够感受得到，例如，一段时间医药指数来势汹汹，一段时间科技指数又悄然领跑，这就是行业轮动，而影响这些行业轮动的关键就是周期。

每个行业都有自己的周期，其中有的行业受到经济周期的影响较大，使得指数呈现周期性的变化，我们称其为强周期行业。而有的行业则受到经济周期的影响较小，比较稳定，我们称其为弱周期行业。

通常来说，医药、食品饮料、煤炭、高速公路等行业为弱周期行业，因为这些行业与人们的日常生活息息相关，不管经济如何发展，人们的生活都离不开这些行业，所以，提供生活必需品的行业就是弱周期行业。

反之，为人们提供非生活必需品的行业就是强周期行业，例如房地产、有色金属、建筑材料、钢铁、化工及电气设备等，它们的涨跌与经济周期密切相关。

下面以具体的例子来进行比较。

实例分析

强周期行业与弱周期行业比较分析

图 4-13 所示为弱周期行业中证白酒指数近五年的走势表现。

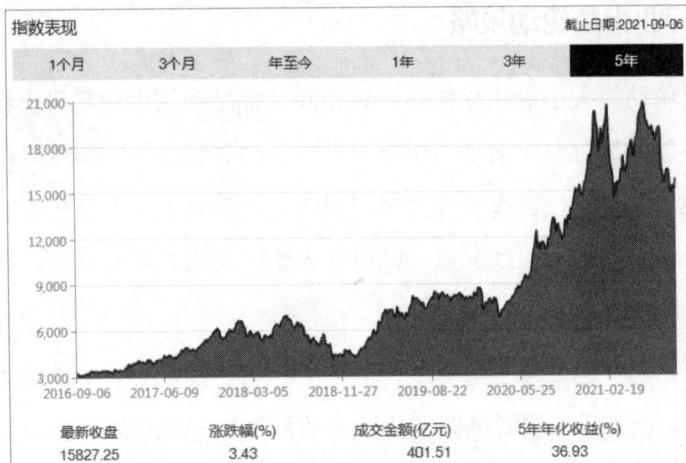

图 4-13　中证白酒指数走势

图 4-14 所示为强周期行业中证钢铁指数近五年的走势表现。

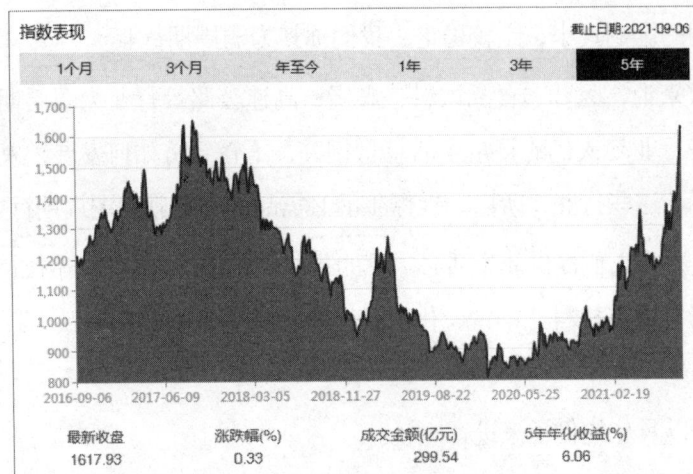

图 4-14　中证钢铁指数走势

通过两个指数的走势对比可以看到，强周期行业中的钢铁指数明显走势波动幅度更大，而弱周期行业中的白酒指数走势更平稳地上涨。所以，周期性行业中机会更多，风险更大，收益也可能更高，但投资难度也更大。

鉴于行业轮动策略，我们在选择行业时应遵循行业周期的特性，将强周期行业与弱周期行业进行轮动，结合经济周期运行规律进行投资。因为强周期行业的风险性较大，收益性更高，所以，在货币环境宽松，宏观经济繁荣时，应选择强周期行业指数基金；反之，在货币环境紧缩，经济萧条时，选择弱周期行业则更具有防御性。

4.3　股债平衡策略

股债平衡策略从名称上来理解就是股票与债券的平衡。股票和债券是两个风险属性完全不同的产品，股票风险更高，收益率也可能更高，债券则更安全稳定，所以当两者组合平衡时，可以达到提高收益率，降低投资风险的目的。

4.3.1　50:50 平衡法则

股债平衡策略最早起源于格雷厄姆《聪明的投资者》中的一句话，书中所提出的股债 50%:50% 平衡策略，意思是将自己的闲钱分成两部分，50% 买入股票，50% 买入债券，然后每年年底进行一次动态平衡，这就是50:50 平衡法则。

在指数基金投资中，我们同样可以利用 50:50 股债平衡法则，将 50% 的资金买入股票型指数基金，另外 50% 的资金买入债券型指数基金，然后在固定的时间根据指数基金的表现情况来做动态调整，以便重新达到平衡状态。

虽然单一买股票型指数基金或者是买债券型指数基金也存在高收益的可能，但是回撤风险也较大。而股债两者本身有天然的弱相关性，股票的投资更加激进，债券则追求稳健，两者以 50:50 的比例配合在一起，既降低了对投资者资产判断能力的要求，也降低了投资波动幅度，在提高收益率的同时，还能降低投资风险。

实例分析

50：50 股债平衡分析

某投资者有 100.00 万元的本金用于投资，鉴于股债平衡 50:50 策略，他分别用 50.00 万元买入股票型指数基金和债券型指数基金。

因为股票型指数基金风险较大，所以，投资可能会获益也可能出现损失，但债券型基金比较稳定，收益也比较固定。因此，该投资者一年后的投资结果可能如下：

①股票型指数基金上涨

如果股票型指数基金上涨，由 50.00 万元变成 60.00 万元，债券型指数基金由 50.00 万元上涨至 53.00 万元。经过一年的投资，100.00 万元的本金上涨至 113.00 万元，此时基于股债 50:50 平衡策略需要对两个指数基金进行平衡，所以，需要卖出股票型指数基金 3.50 万元（60.00−113.00÷2），并将其换成债券型指数基金，使两个指数基金再次达到 50:50 的动态平衡。

②股票型指数基金下跌

如果股票型指数基金下跌，由 50.00 万元跌至 40.00 万元，债券型指数基金则由 50.00 万元上涨至 56.00 万元。经过一年的投资，100.00 万元的本金下跌至 96.00 万元。此时鉴于股票 50:50 平衡策略，投资者同样需要对两个基金进行动态平衡，即需要将债券型指数基金卖出 8.00 万元（56.00−96.00÷2），并将其换成股票型指数基金，从而实现平衡。

上述实例介绍的就是完整的 50:50 股债平衡策略，可以看到，50:50 股债平衡最大的优势在于克服了投资者的贪婪和恐惧，投资者只需要遵循 50:50 的比例核心即可，要知道在实际投资中大部分投资者投资失败的原因都在于内心的贪婪和恐惧。

另外，从投资策略上来看，股债平衡策略的动态再平衡，即在股票上涨时卖出部分股票，在股票下跌时买入部分股票，这样的操作实际上实现了股票的高抛低吸。虽然这样的投资方法不一定能提高投资者的收益率，但是却能在很大程度上降低投资风险。

需要注意的是，50:50 股债平衡只是一个投资理念，在实际的投资中我们不一定要遵循 50:50 的股债仓位，可以根据自己的风险承受能力，以及市场情况来对股债的仓位进行调整，例如 75:25、60:40 或者 70:30 等，这些比例都可以根据自己的实际需求来进行调整。

但是要记得遵守股债平衡的核心，即坚守比例，克服内心的贪婪和恐惧，不能因为股票型指数基金上涨，就不顾比例将债券型指数基金中的大部分或全部资金转入股票型指数基金中；也不能因为股票型指数基金下跌，就将股票型指数基金中的全部资金转入债券型指数基金中。股债平衡的方法看起来很简单，但坚持下来却很难。

4.3.2　从估值的角度调整股票型指数基金仓位

在股债平衡策略中，不一定要以 50:50 的比例进行投资，可以根据实际需求来调整股债比例。

在股债比例中，更多的是考虑股票型指数基金的仓位，因为它的风险更高，如果股票型指数基金的比例较大，那么，投资组合的风险就更大，风险收益也可能更大。

反之，股票型指数基金的比例较小，那么投资组合的风险就较小，投资收益也可能减少。因此，我们需要在控制风险的前提下，尽量调大股票型指数基金的比例。

关于股票型指数基金的仓位，我们可以从估值的角度来调整。估值就是评估价值，一件商品卖 100.00 元，不能单纯地以价格来判断其价值，如果它本身价值 150.00 元，那么现在 100.00 元的价格就说明该商品的价值被低估了，未来大概率该商品的价格会上涨，所以，此时应该买进。

但是，如果此时该商品卖 200.00 元，则说明该商品的价值被高估了，未来大概率会下跌，所以，此时不应该买进。

许多投资者在进行股票投资时会根据股票的估值情况来做投资决策，当估值低时大量买进，估值高时则少买或者不买。

股票估值是根据上市公司的内在价值，包括公司的每股收益、行业市盈率、流通股本、每股净资产、每股净资产增长率等指标来对公司的价值进行评估。

而指数估值表示的是当前指数成分股的整体市盈率估值，它是所有成分股估值的集合，而非单一个股，根据指数的估值情况可以帮助投资者判断当前市场是否可以买进。

因此，在股债平衡策略中，投资者找到目标股票型指数基金和债券型指数基金后，可以进一步查看股票型指数基金的指数估值情况，如果指数处于低估状态，则可以提高股票型指数基金的仓位比例，例如 60%、70% 甚至是 80% 等；但如果指数处于高估状态，则可以降低股票型指数基金的仓位比例，例如 40%、30% 及 20% 等。

从估值角度调整股票型指数基金仓位的关键在于指数估值，投资者需要知道指数估值情况的查询方法。指数估值查询的方法有很多，许多基金平台都提供了指数估值查询功能，下面我们以韭圈儿网为例进行介绍。

实例分析

韭圈儿查询指数估值情况

输入网址（https://funddb.cn/）打开韭圈儿网首页，在页面右侧单击"指数估值"超链接，如图 4-15 所示，进入指数估值页面。

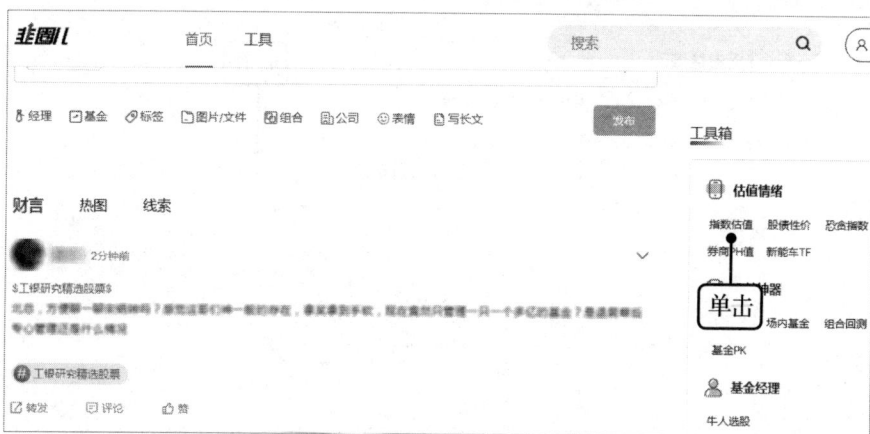

图 4-15　单击"指数估值"超链接

进入指数估值页面，在页面中的指数列表中选择需要查询的目标指数，也可以在上方的搜索文本框中输入指数名称。这里选择"小盘价值"指数，单击指数后面的"查看详情"按钮，如图 4-16 所示。

图 4-16　单击"查看详情"按钮

此时页面右侧弹出指数详情窗口，包括指数的最新概况、历史估值、收益回测、精选基金、指数简介及成分股前 100，数据非常齐全，指数估值图表也很直观。通过这些数据投资者可以快速了解目标指数详细的估值情况，如图 4-17 所示。

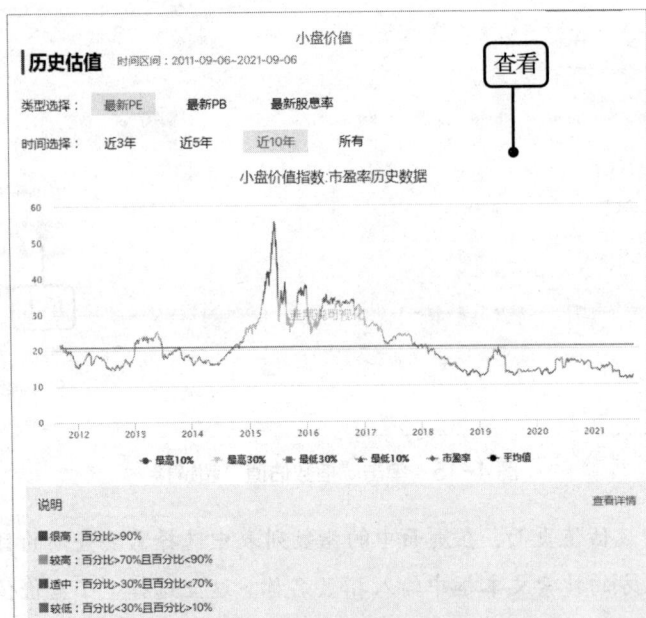

图 4-17 查看指数估值详情

最后，这里再介绍几个实用的指数估值查询网站，如表 4-3 所示。

表 4-3 指数估值查询

名　称	网　址
中证指数官网	http://www.csindex.com.cn/
投资数据网	https://www.touzid.com/
蛋卷基金	https://danjuanapp.com/
易方达指数基金网	http://www.indexfunds.com.cn/
乌龟量化	https://wglh.com/
恒生指数官网	https://www.hsi.com.hk/schi/

4.3.3　根据市场趋势的强弱来考虑仓位

趋势实际上就是指市场运动的方向。股市中流行这么一句话"站在风口，猪都能飞起来"，这里说的风口就是指趋势，投资者只要能利用好趋势，顺势而为，就能获得不错的投资回报。

根据趋势运行的方向可以将其分为上升趋势和下降趋势。上升趋势指市场处于强势，走势持续向上，重心上移；下降趋势指市场处于弱势，走势持续下跌，重心下移。

在股债平衡策略中，如果指数趋势处于强势，那么，股票型指数基金的仓位就应该高一点儿；反之，如果指数趋势处于弱势，那么，股票型指数基金的仓位就应该低一点儿。

这一策略的关键在于判断市场当前的趋势，此时我们可以通过绘制趋势线来进行判断。趋势线是市场中预测趋势走向的一种方法，通过趋势线的方向可以看出市场的趋势。

绘制趋势线也非常简单，在上升趋势中将两个相邻低点连成直线，就是上升趋势线；在下降趋势中连接两个相邻高点的直线就是下降趋势线。但是由两个点绘制的趋势线只是暂时的，趋势线的有效性必须通过第三个点来进行确认。在绘制的过程中要注意以下几点：

①绘制趋势线的两个点之间的距离不要过近，否则会降低趋势线的有效性。

②绘制的趋势线的起点不一定要是最高点或者是最低点，也可以是次高点或次低点。

③绘制的趋势线被触及的次数越多，趋势延续的时间就越长。

图 4-18 所示为绘制的中证 100 指数上升趋势线。

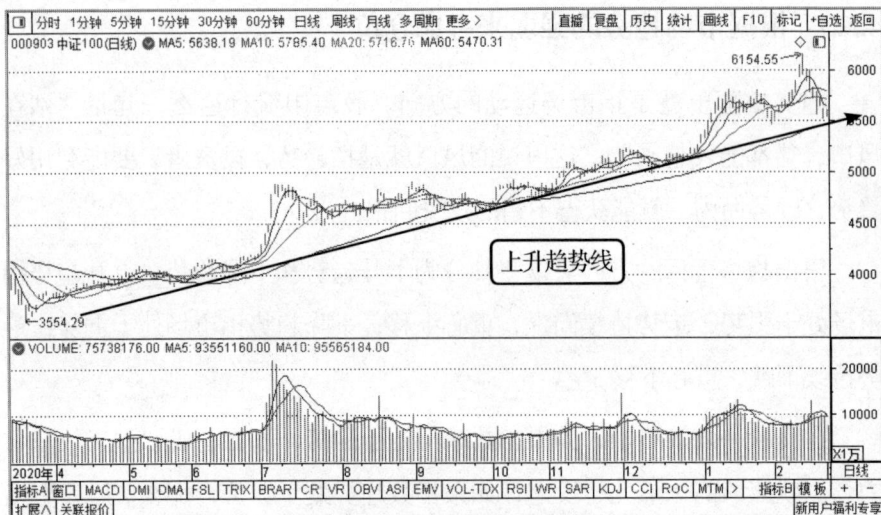

图 4-18　上升趋势线

图 4-19 所示为绘制的国证大宗指数下降趋势线。

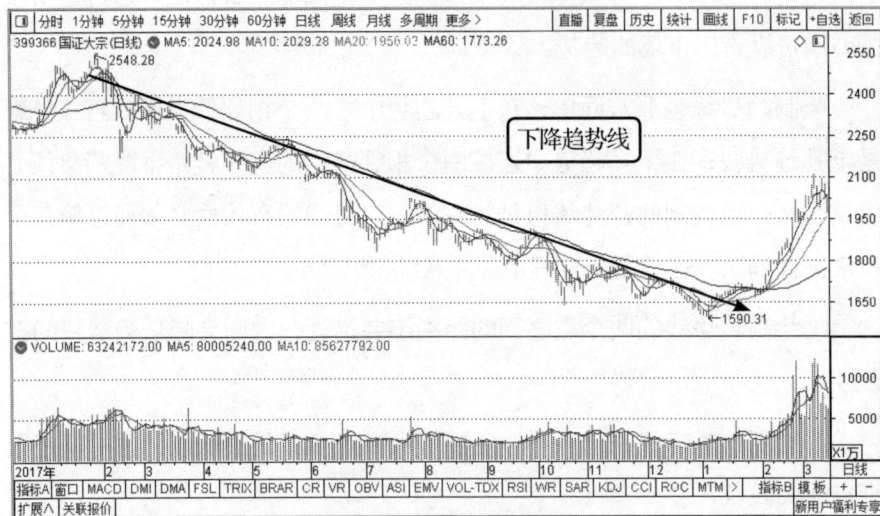

图 4-19　下降趋势线

从上面两图可以看到，在上升趋势中指数在上升趋势线的上方运行，每次回落到趋势线附近，受到趋势线的支撑止跌回升，所以，上升趋势线具有支撑作用；而在下降趋势中，指数在下降趋势线的下方运行，每次反弹至趋势线附近时便受到下降趋势线的压制而止涨下跌，所以，下降趋势线具有阻力作用。

在股债平衡策略中，可以根据指数所处的趋势进行判断，只要确定指数走势处于上升趋势中，便可以增大股票型指数基金的仓位。但是，一旦趋势发生转变就需要改变策略。趋势转变具休内容如下：

①当指数向上有效突破下降趋势线的时候，表明行情将由弱转强，并形成底部反转，此时投资者可以加大股票型指数基金的仓位。

②当指数向下有效跌破上升趋势线的时候，表明行情将由强转弱，并形成顶部反转，此时投资者应减仓或轻仓股票型指数基金的仓位。

综上所述，趋势实际上就是市场运行的大方向，只要投资者对市场后市的走向有一个清晰的认识，紧跟趋势，顺势而为，自然能够获得不错的投资回报。

4.4　投资中的择时策略

时机一直以来就是投资实战中的重点，也是投资获胜的关键，指数基金投资也是如此，但是在实际的投资中，很多投资者却找不到准确的买进卖出时机，以至于错过了许多投资获利的机会。实际上我们可以利用一些技术指标，通过它们发出的一些买卖信号，来帮助找寻买进卖出的时机。

4.4.1　移动平均线找买进时机

移动平均线，简称均线，用 MA 表示它代表在一段时间内买入股票的平均成本，反映股价在一定时期内的强弱和运行趋势，投资者通过均线可以确认市场当前的趋势，找到其中隐藏的买卖信号，做出准确的投资决策。图 4-20 所示为移动平均线。

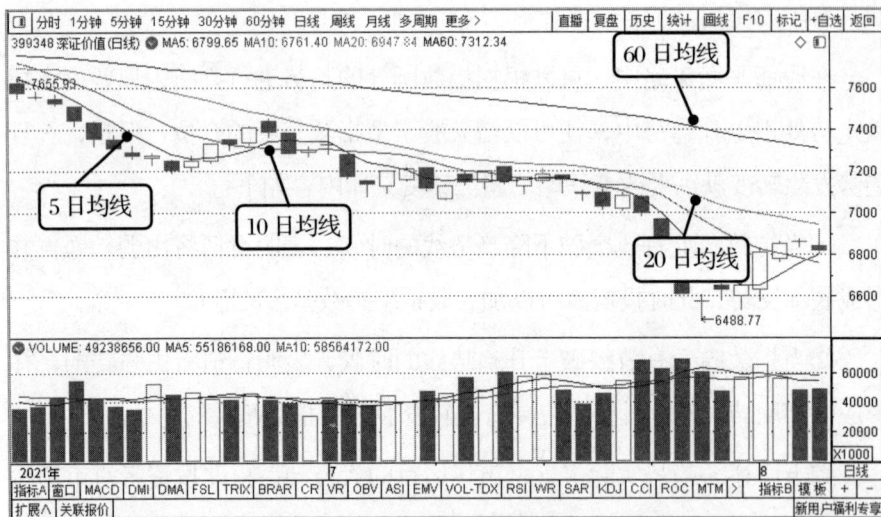

图 4-20 移动平均线

从上图可以看到，图中的均线分别有 5 日均线、10 日均线、20 日均线和 60 日均线，这是因为均线的计算时间周期不同，在系统默认的情况下，打开均线指标便显示这四条均线，但在实际投资中投资者可以自行设置均线的时间周期。

从均线时间周期的角度对均线进行划分，可以分为短期均线、中期均线和长期均线。

◆ **短期均线：** 它指的是时间周期在 10 日以下的均线，包括 3 日均线、5 日均线和 10 日均线等，其中 5 日均线和 10 日均线在实际操作中运用较多，短期均线也被称为日均线指标。

◆ **中期均线：** 它指的是时间周期在 60 日以下的均线，包括 20 日均线、30 日均线及 60 日均线等，中期均线也被称为季均线指标。

◆ **长期均线：** 它指的是时间周期在 60 日以上的均线，例如 120 日均线、240 日均线等，长期均线也被称为年均线指标。

理财贴士 *短期、中期和长期的概念*

投资者需要注意的是，短期、中期和长期的概念不是绝对的，需要根据自己的投资决策而定，例如，一般的中长期投资者，他们鲜少用到 120 日均线、240 日均线等，通常运用的是 5 日均线、10 日均线、20 日均线和 60 日均线，这里的 60 日均线对他们而言就是长期均线，10 日均线和 20 日均线就是中期均线，5 日均线就是短期均线。因此，短、中、长期均线对于不同的投资者在不同的投资策略中有不同的认识，都是可行的。

均线在投资实战中可以帮助投资者寻找到买进、卖出的最佳时机，具体用法主要从两个方面入手：一是交叉；二是排列。

（1）均线的交叉

在使用均线系统时会出现多根均线，这些均线在运行过程中常常会出现交叉，但其中有两种交叉是具有重要的指示意义的，即黄金交叉和死亡交叉。

◆ 黄金交叉

黄金交叉指较短期均线由下而上穿越较长期的均线，形成交叉，且这段时间较长期的均线正在向上移动。黄金交叉的出现说明市场走强，是可靠的买进信号。

◆ 死亡交叉

死亡交叉指较短期均线由上而下穿越较长期的均线，形成交叉，且这段时间较长期的均线正在向下移动。死亡交叉的出现说明市场转弱，是可靠的卖出信号。

实例分析

黄金交叉买进信号分析

图 4-21 所示为沪深 300 指数 2020 年 2 月至 7 月的 K 线走势。

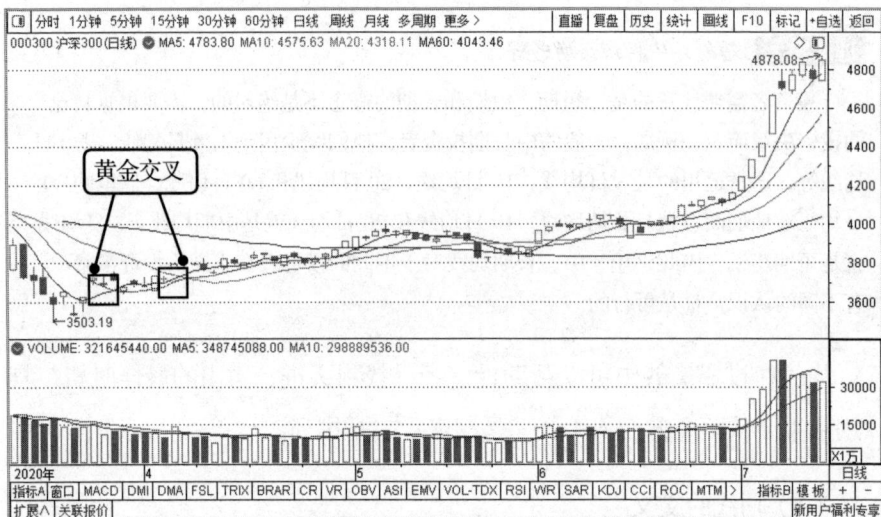

图 4-21　沪深 300 指数 2020 年 2 月至 7 月的 K 线走势

　　从上图可以看到，2020 年 3 月下旬，指数在 3 600 点线上止跌回升，此时 5 日均线拐头向上并上穿 10 日均线形成黄金交叉，说明市场由弱走强，后市可能上涨。随后 4 月上旬 10 日均线上穿 20 日均线形成黄金交叉，进一步验证了市场走强的信息，说明后市即将迎来一波上涨。此时投资者可以积极买进以沪深 300 指数为标的的指数基金，图 4-22 所示为博时沪深 300 指数 A（050002）的净值走势。

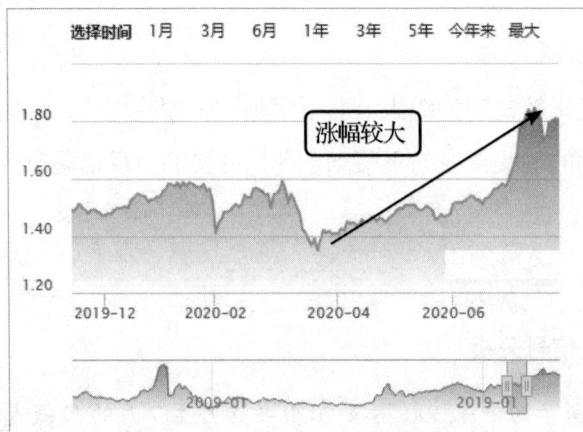

图 4-22　博时沪深 300 指数 A 净值走势

从上图可以看到，沪深 300 指数出现黄金交叉信号后，以沪深 300 指数为跟踪标的的指数基金也迎来了一轮上涨，基金的单位净值从 2020 年 3 月下旬的 1.40 元左右上涨至 1.80 元上方，涨幅较大。如果投资者能够通过指数的黄金交叉信号找到买进机会，必然能够投资成功。

实例分析

死亡交叉卖出信号分析

图 4-23 所示为中证 100 指数 2021 年 2 月至 8 月的 K 线走势。

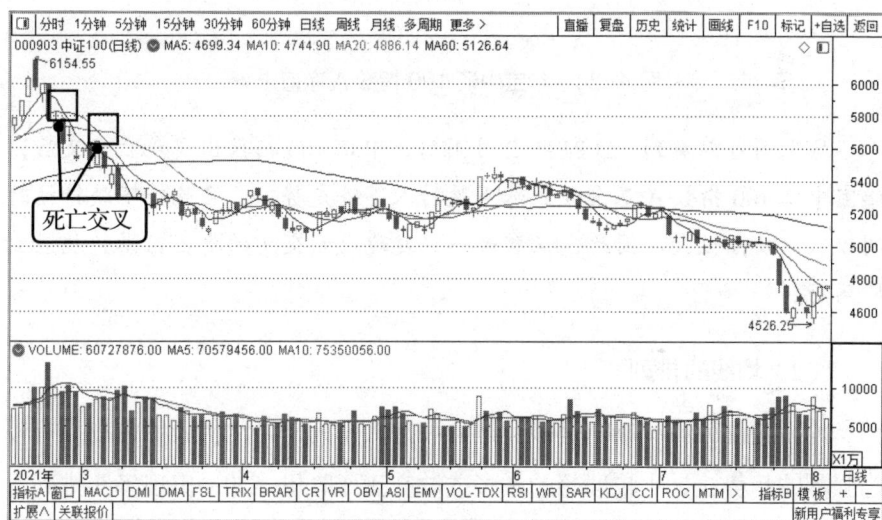

图 4-23 中证 100 指数 2021 年 2 月至 8 月的 K 线走势

从上图可以看到，2021 年 2 月中证 100 指数运行至 6 000 点上方时止涨，与此同时，5 日均线拐头向下，下穿 10 日均线形成死亡交叉，说明市场由强转弱，后市可能转入下跌行情。

几个交易日后，10 日均线下行穿过下跌的 20 日均线形成死亡交叉，再一次验证了趋势转弱的信号，持有以中证 100 指数为标的的指数基金的投资者应尽快离场。

图 4-24 所示为华宝中证 100 指数 A（前端：240014 后端：240015）基金的净值走势。

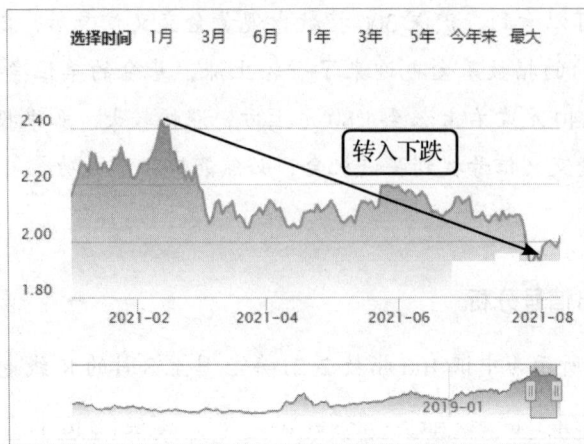

图 4-24　华宝中证 100 指数 A 净值走势

从上图可以看到，2021 年 2 月下旬，中证 100 指数出现死亡交叉后，华宝中证 100 指数 A 基金便止涨下跌转入下跌走势中，且此轮下跌持续时间较长，跌幅较大。因此，投资者一旦发现死亡交叉的卖出信息，就应立即离场。

（2）均线的排列

均线的排列情况指的是多头排列和空头排列，通常代表着市场具有较为强烈的趋势，是比较理想的做多或做空操作时机。如果出现多头排列，投资者可以加仓跟进；如果出现空头排列，投资者应及时减仓或清仓。

多头排列即市场趋势呈强势上升之势，均线系统中的 5 日均线、10 日均线、20 日均线和 60 日均线由上到下依次排列，且均线向上发散。

空头排列与多头排列相反，说明市场趋势表现弱势，后市看跌，均线系统中的 5 日均线、10 日均线、20 日均线和 60 日均线由下到上依次排列，且均线向下发散。图 4-25 所示为多头排列和空头排列。

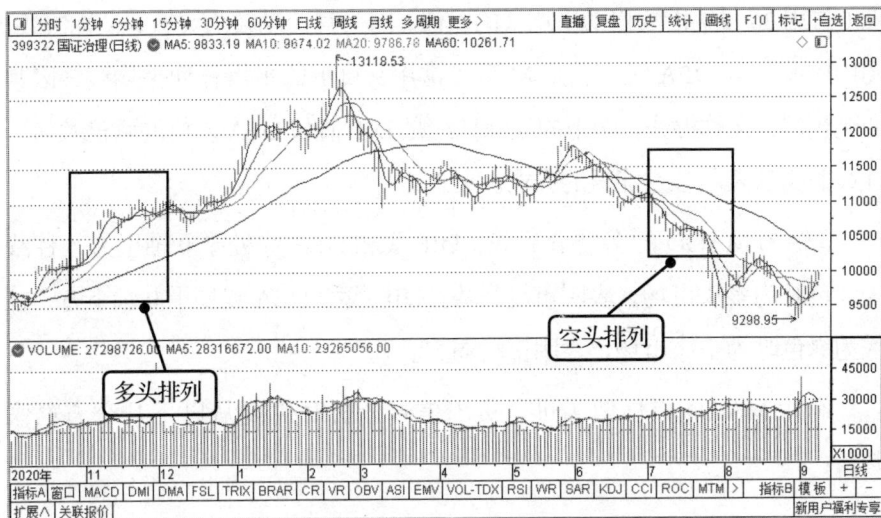

图 4-25　多头排列和空头排列

从上图可以看到，多头排列和空头排列是明显的趋势强烈信号，根据多头排列和空头排列，投资者可以及时做出加仓或减仓操作，降低投资风险，提高收益。

4.4.2　利用 MACD 指标之王找时机

MACD 为指数平滑异同移动平均线，利用快速线 DIF 和慢速线 DEA 的聚合与分离状态，对买进、卖出时机做出研判的技术指标。MACD 指标由快线 DIF、慢线 DEA 和红绿柱线组成。图 4-26 所示为 MACD 指标。

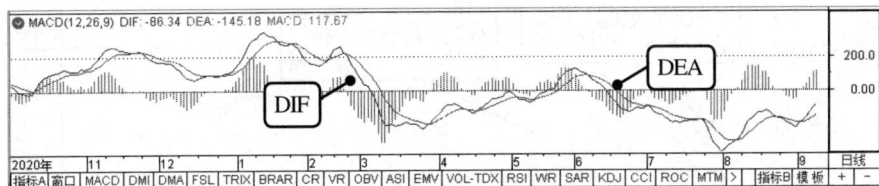

图 4-26　MACD 指标

图中的黑线为 DIF 线，它是短期（常用 12 日）指数移动平均线与长期（常用26日）指数移动平均线的差值，因为其变动较为灵敏，又称快线。图中的蓝线为DEA线，它是M日（常用9日）的平滑移动平均线，因其变化稍慢，又称慢线。图中的红绿柱线是DIF值与DEA差值的两倍数值，柱线的高低表示多空能量的强弱。

0轴为MACD的多空分界线，DIF线和DEA线处于0轴上方，柱线为红色时为多头市场，表明市场强势；DIF线和DEA线处于0轴下方，柱线为绿色时为空头市场，表明市场弱势。

利用MACD指标做买进、卖出信号分析时主要从以下几个方面来判断：

（1）MACD柱线的形态

当MACD柱线由绿色转为红色，说明市场发生转变，由弱走强，为买进信号；当MACD柱线由红色转为绿色，说明市场发生转变，由强转弱，为卖出信号。图4-27所示为科技100指数（399608）MACD柱线买卖信号。

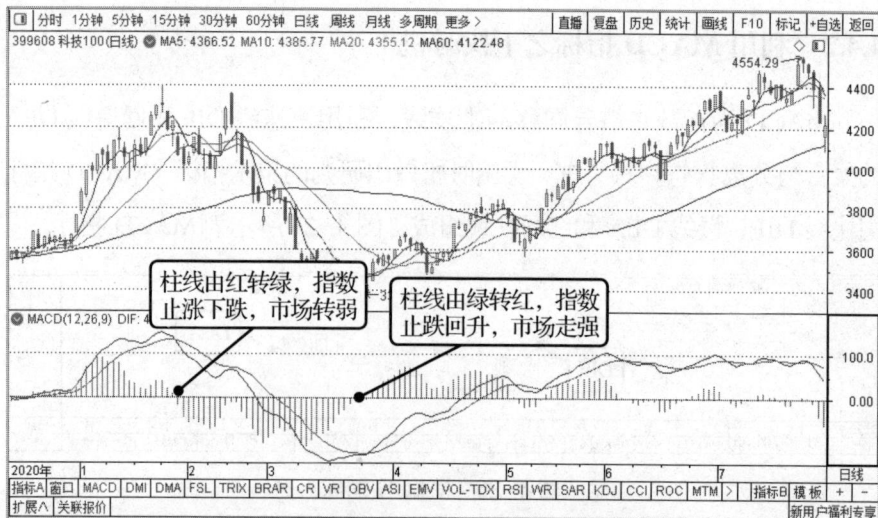

图4-27　科技100指数MACD柱线买卖信号

从上图可以看到，2020 年 1 月底，MACD 柱线由红转绿，且绿柱线不断放大，与此同时指数止涨，随后转入下跌走势中。2020 年 3 月底，MACD 指标柱线由绿转红，且红色柱线不断放大，此时指数止跌，横盘一段时间后转入上升行情中。由此可见，MACD 柱线形态为可靠的买卖信号。

（2）MACD 交叉

在 MACD 指标中同样存在黄金交叉和死亡交叉。黄金交叉指 DIF 线由下向上突破 DEA 线形成的交叉，是市场走强的买入信号；死亡交叉指 DIF 线由上向下突破 DEA 线时形成的交叉，是市场走弱的卖出信号。图 4-28 所示为 MACD 黄金交叉和死亡交叉。

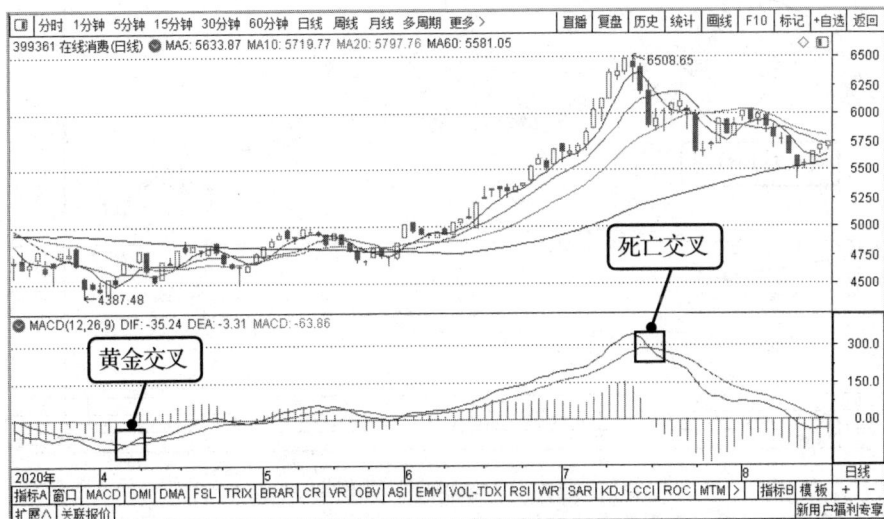

图 4-28　MACD 黄金交叉和死亡交叉

从上图可以看到，2020 年 4 月初，DIF 线由下向上突破 DEA 线形成黄金交叉，此时指数止跌筑底，随后转入上升趋势中。2020 年 7 月中旬，DIF 线由上向下突破 DEA 线形成死亡交叉，此时指数止涨下跌，随后转入下跌通道中。可见，黄金交叉与死亡交叉为可靠的买进卖出信号，通过黄金交叉和死亡交叉，投资者能够准确地抓住买卖时机。

（3）MACD 背离

MACD 背离指 MACD 指标中曲线走势与指数走势形成的背离情况，根据背离出现的位置不同可以分为顶背离和底背离。顶背离指在上涨的过程中，指数走势一波比一波高，但此时 MACD 指标却一波比一波低，形成顶背离，为卖出信号，说明场内做空动能凝聚，后市看跌；底背离指在下跌过程中，指数走势一波比一波低，但此时 MACD 指标却一波比一波高，形成底背离，为买进信号，说明场内做多动能凝聚，后市看涨。

图 4-29 所示为 MACD 顶背离。

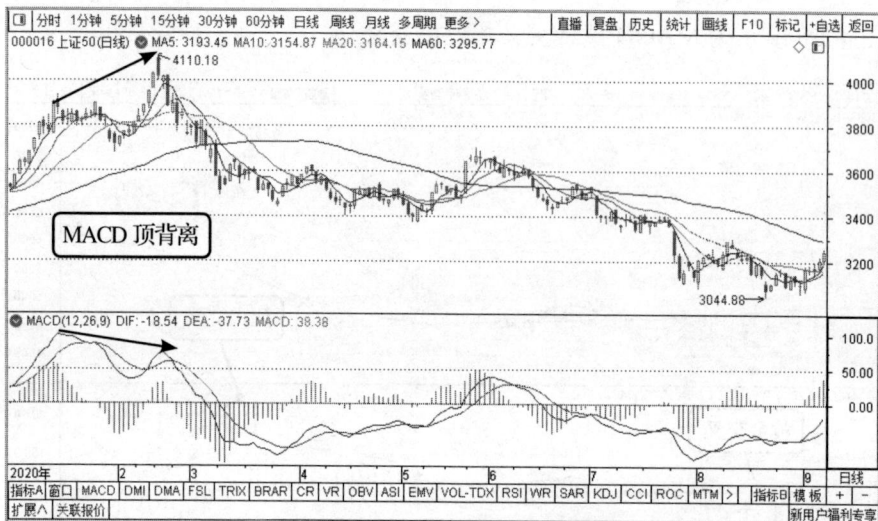

图 4-29　MACD 顶背离

从上图可以看到，2020 年 1 月中旬，上证 50 指数处于上升趋势中，指数从 3 800 点上涨至 4 110.18 点，与此同时查看下方的 MACD 指标发现，在指数上涨的过程中，MACD 指标却在下跌，DEA 线和 DIF 线向下滑动，一波比一波低，由此形成顶背离。顶背离出现后，指数止涨，随后转入下跌通道中。

总的来看，MACD 指标是非常有效且实用的一种技术指标，投资者熟练运用这一指标能对趋势和震荡行情都有良好的判断和把握，进而提高投资决策的准确率。

4.4.3　布林通道线也是寻找时机的利器

布林通道线简称布林线（BOLL），它是股市技术分析的常用工具之一，它由上、中、下三条轨道线组成。其中：中轨是一条股票价格的移动平均线，上轨等于移动平均线加上 M 倍的股价标准差，下轨等于移动平均线减去 M 倍的股价标准差。我们通常将上轨视为压力线，下轨视为支撑线，股价则在上轨和下轨形成的通道中运行。在指数基金投资中，我们同样可以运用布林通道线寻找买卖时机。

图 4-30 所示为布林线。

图 4-30　布林线

布林线的买入信号主要包括以下两点：

①指数由下向上穿越下轨线的时候，可视为买进信号，如图 4-31 所示。

②指数由下向上穿越中轨线的时候，可能加速上行，是加仓买进的信号，如图 4-32 所示。

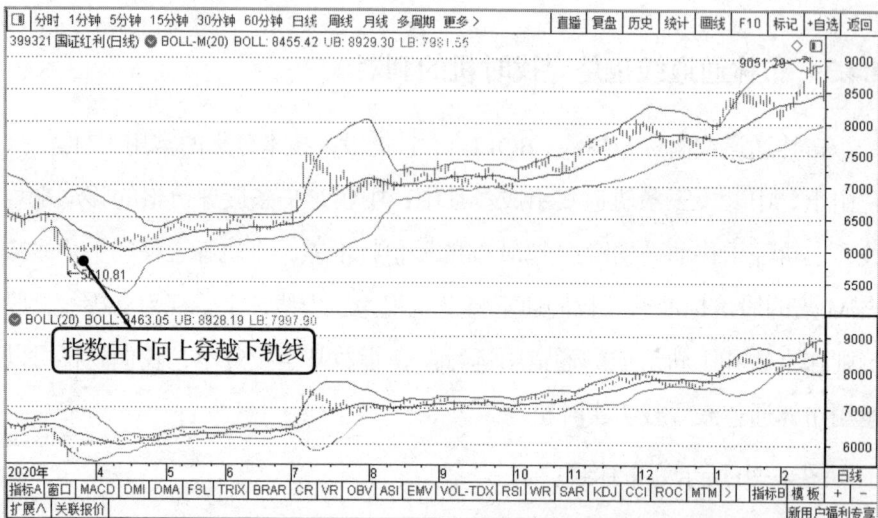

图 4-31　指数由下向上穿越下轨线

从上图可以看到，指数前期跌落至下轨道下方，随后止跌回升，由下上穿下轨线，说明市场走强，后市看涨，为买进信号。

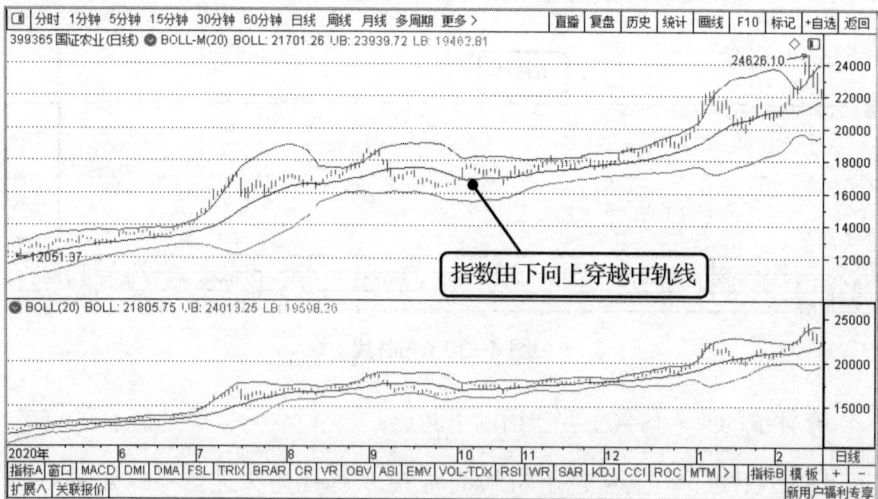

图 4-32　指数由下向上穿越中轨线

从上图可以看到，前期指数在中轨线与上轨线之间运行，9 月初，指数跌落至中轨线下方，在中轨线与下轨线之间运行一段时间后由下向上穿越中轨线，指数加速上行，说明上涨行情并没有发生变化，此时的下跌是为了后市更好的上涨，为加仓信号。

布林线指标的卖出信号主要包括以下两点：

①指数长时间在中轨线与上轨线之间运行后，由上往下跌破中轨线为卖出信号，如图 4-33 所示。

②指数长时间在中轨线与上轨线之间运行后，指数向上突破上轨线以后又向下跌破上轨线，为卖出信号，如图 4-34 所示。

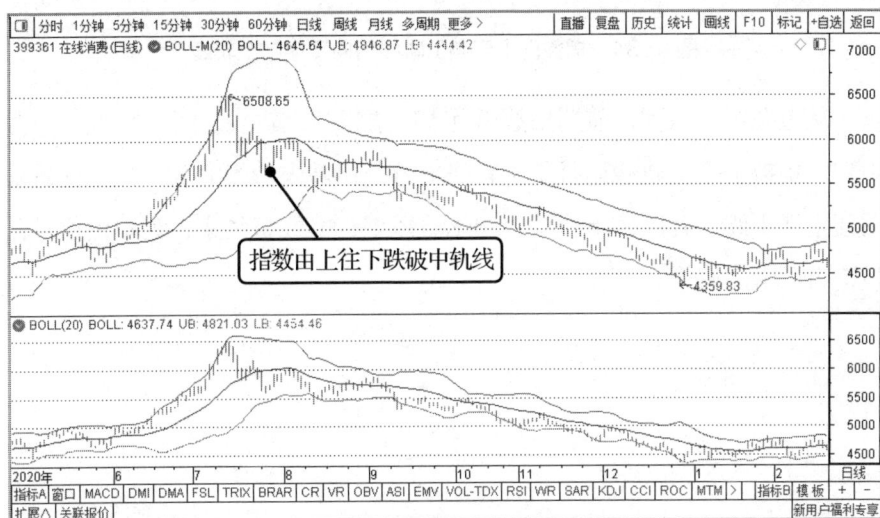

图 4-33　指数由上往下跌破中轨线

从上图可以看到，前期指数一直在中轨线与上轨线形成的通道中运行，市场表现强势上涨。7 月上旬，指数止涨下跌，并从上往下有效跌破中轨线，随后运行于中轨线下方，说明市场转弱，不宜加仓跟进，应持币观望或者减仓出逃。

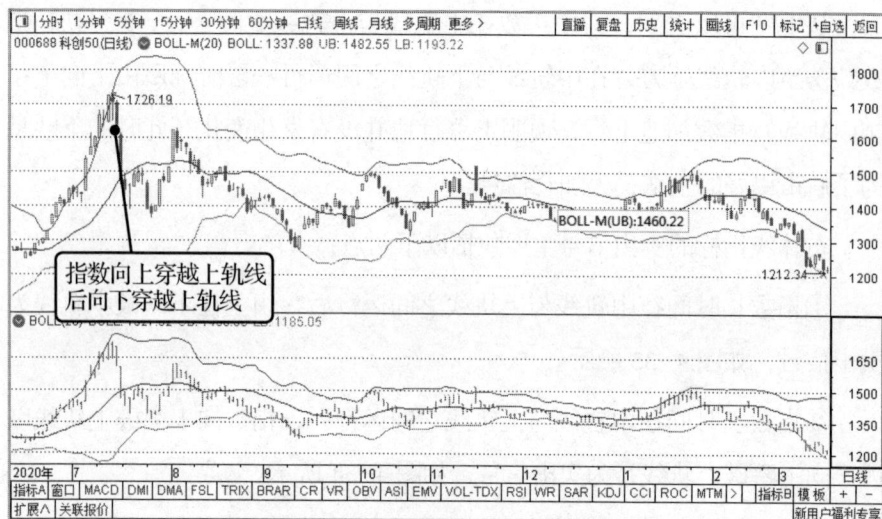

图4-34　指数向上穿越上轨线后向下穿越上轨线

　　从上图可以看到，前期指数运行于中轨线与上轨线之间，2020年7月中旬，指数上穿上轨线运行于上轨线上方，但并未持续太久，几个交易日后便止涨下跌，并跌破上轨线，预示着短期行情或将结束，为卖出信号，投资者可考虑清仓。

第5章
更适合懒人的指数基金定投法

时机一直是许多投资者最头痛的问题，尤其是对一些缺乏经验的投资者来说更是丈二和尚摸不着头脑。但是有一种投资方法却可以降低择时的风险，它就是定投，只要固定时间投资即可。这种方法非常适合新手投资者，以及没有时间、精力过多关注市场行情变化的投资者。

- ○ 摊平投资成本，降低投资风险
- ○ 筛选适合定投的基金
- ○ 选择一条合适的定投渠道
- ○ 根据目标达成状况确定定投时间
- ○ 以均线偏离程度确定定投金额
- ○ ……

5.1 定投优势多，稳妥又简单

定投就是一种定期定额投资的方法，从投资方法上来看与银行的零存整取有点儿类似。虽然定投这种投资方法比较简单，也容易操作，但是它的优势却不少。

5.1.1 摊平投资成本，降低投资风险

基金定投即分批买进基金，这样可以摊平投资成本，降低一次性买进的风险，使投资变得更稳健。如果贸然一次性买进，很可能会出现买在半山腰被套的情况，而基金定投即便买在半山腰也能更快地回本，使自己脱离险境。

假设某指数基金处于下跌行情中，投资者采用定投的方式分四次买进基金，每次投入 1 000.00 元，那么投资者的账户变化如表 5-1 所示。

表 5-1 账户变化

基金净值	投入资金（元）	持有份额
1.00	1 000.00	1 000
0.90	1 000.00	1 111.111 1
0.80	1 000.00	1 250
0.70	1 000.00	1 428.571 4

从表格可以看到，经过四次定投，投资者拥有的基金份额累积总数为 4 789.682 5（1 000+1 111.111 1+1 250+1 428.571 4），此时投资者的买进成本摊低为 0.84 元（4 000÷4 789.682 5）。也就是说，只要基金净值回升至 0.84 元，投资者便可以实现盈亏平衡，一旦超过 0.84 元，投资者便可以实

现获利。相较于一次性 1.00 元位置买进来说，投资风险明显降低。

如果基金净值处于上升趋势中呢？此时投资者同样采用定投的方式分四次买进基金，每次投入 1 000.00 元，投资者的账户变化如表 5-2 所示。

表 5-2　账户变化

基金净值	投入资金（元）	持有份额
1.00.00	1 000.00	1 000
1.10.00	1 000.00	909.090 9
1.20.00	1 000.00	833.333 3
1.30.00	1 000.00	769.230 8

从表格可以看到，经过四次定投，投资者拥有的基金份额累积总数为 3 511.655（1 000+909.090 9+833.333 3+769.230 8），而此时投资者的买进成本被摊平为 1.14 元（4 000÷3 511.655）。可以看到，在上升行情中，买进成本明显被抬高，在这样的行情走势下，相比一次性买进，投资者的收益则明显降低。

因此，投资者需要明白的是，基金定投通过摊平成本的方式在下跌行情中可以降低投资者的投资风险，但如果处于上升行情中则会降低投资者的收益。总的来看，利用定投的方式投资相比一次性投资，虽说可能会减少投资收益，但是更稳妥，风险更低，更适合稳健型投资者。

理财贴士　*基金份额的小数情况*

　　投资者要明白虽然买进基金时通常以整百数额进行交易，但是扣除手续费用之后就会形成非整数，并且申购基金时的单位净值通常为小数，所以，实际投资中的基金份额通常也为小数，且一般会精确到小数点后四位。

5.1.2 强制储蓄，积少成多

如今，很多年轻人因缺乏储蓄意识而成为月光族，攒不下钱。对于这样的投资者，基金定投则具有重要的意义，可以达到强制储蓄的目的，每月固定时间扣取固定的金额，起到积少成多的作用。基金定投这种带有约束性的强制储蓄投资方式具有许多优点，具体如下：

◆ 收益率高

被动的扣款模式是具有一定强迫性的投资方法，在方法上类似于银行零存整取，但是收益率却远远高于银行零存整取，更划算。

◆ 提高风险承受能力

基金定投通过强制储蓄能够提高储蓄额度，且基金定投资金流动性强，这就意味着如果家庭或个人遇到紧急或突发情况时，例如重大疾病，一定的储蓄可以减轻家庭的负担，提高家庭或个人应对风险的能力。

◆ 养成良好的习惯

很多年轻人之所以成为月光族不是因为缺乏收入，而是缺乏储蓄意识，而基金定投通常在首次设置扣款之后，每月定期自动扣款，帮助投资者养成每月定期存款的良好习惯。

所以，基金定投具有良好的强制储蓄特性，如果投资者觉得自己攒不下钱，可以试试利用基金定投的方式来存钱，长期坚持下来也可以实现财富的积少成多。

5.1.3 门槛更低，适合各类投资者

投资门槛是许多小型投资者或者是新手投资者比较关注的问题，如果投资门槛过高，小型投资者则资金不足，而新手投资者因缺乏投资经验也不敢贸然入市。但是，基金定投不同于一次性投资，它的投资方式为多次投资平均成本，投资者承担的经济压力和风险压力更小。

其次，基金定投的起投金额较低，一般基金定投的起投金额为 100.00 元，有的基金销售门槛甚至起投金额甚至低至 10.00 元。这样低门槛的投资方式对投资者的要求更低，适合各类有投资需求的投资者。

需要注意的是，定投虽然门槛低，但贵在坚持，只有长期坚持，避免频繁进出，以持有为主才能看到收益，否则投资收益会被手续费"吃掉"，没有投资意义。

5.2　制订自己的定投计划

虽然定投看起来非常简单，只要提前设置好时间、金额，定期扣款即可，但是想要做好定投这件事情，并获得一定的投资回报，还是需要投资者提前做好详细的定投计划。

5.2.1　计算每月定投的金额

基金定投的门槛非常低，大多数基金 100.00 元起投，有的甚至 10.00 元起投，既然门槛这么低，那么，我们每月定投的金额应该设置多少比较合适呢？

要知道，投资门槛低可以让更多的投资者参与到基金定投中来，但是如果仅仅以起投金额去做定投显然是不行的，因为投资金额过低，投资收益就难以体现，也没有定投的意义。但如果设置的定投金额过大，又可能会给家庭或个人的正常生活带来较大的经济压力。

其实，我们每月的定投金额应该以实际收入和具体家庭开支情况来确定，收入较高的，闲钱较多的家庭或个人可以适当提高定投的金额。至于具体的定投金额，因为每个人的家庭财务状况不同，所以，定投的金额也是因人而异，这里介绍两种比较实用的定投金额计算方法作为参考，给投资者提供思路。

（1）闲钱计算法

闲钱计算法指的是根据我们每月的收入和开支情况来估算每月可用于投资的闲置金额，具体计算公式如下：

定投金额 =（月收入 − 月支出）÷2

有很多人对闲钱存在误解，认为闲钱就是每月收入除去每月开销之后的余额。其实不然，余额不等于闲钱，闲钱是空置的钱，可通过投资提高其利用率，增加收入。但是，实际生活中我们必须要提前准备好应对生活中可能会出现的一些突发状况的资金，所以，需要预留一些现金及现金类产品在身边。因此，余额中应预留一半的资金作为备用金。

例如，某个家庭的月收入是 10 000.00 元，每月支出是 4 000.00 元，每月结余 6 000.00 元。那么，该家庭每月可以拿出来做基金定投的资金为 3 000.00 元。

（2）根据目标计算定投金额

每一个投资者在理财投资之前都会有一个大概的投资目标，例如定投 5 年实现 20.00 万元，然后投资者可以对这一目标进行计算划分，看看 5 年 60 个月中每个月应该定投多少钱才能完成目标。这样倒推的方式，能够让每个月的定投金额更精准，投资目标也能更实际、更具体。

同样我们以 5 年定投后资产达到 20.00 万元为例，假设基金定投回报率为 10%，那么，投资者每月应该投入的资金是多少呢？

此时需要用到 PMT 函数，即年金函数，基于固定利率及等额分期付款方式，返回贷款的每期付款额，具体计算可以借助一些计算工具，通过以下例子学习操作方法。

实例分析

利用 PMT 函数计算定投金额

　　例如，某投资者设定了一个 5 年期 200 000.00 元的定投目标，如果以年回报率 10% 来进行计算，那么每月应定投多少钱？

　　打开 Excel，建立空白表格并在表格中输入基本的数据信息，选择月定投金额后的单元格，单击"公式"选项卡，选择"财务 /PMT"函数命令，如图 5-1 所示。

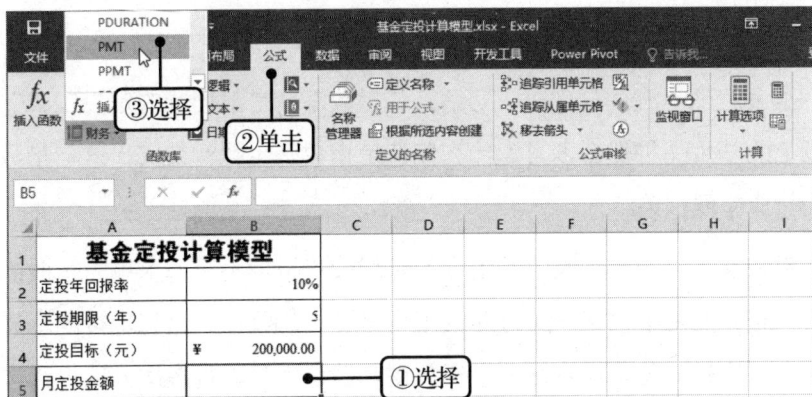

图 5-1　打开"PMT"对话框

　　打开函数参数对话框，输入参数，单击"确定"按钮，如图 5-2 所示。

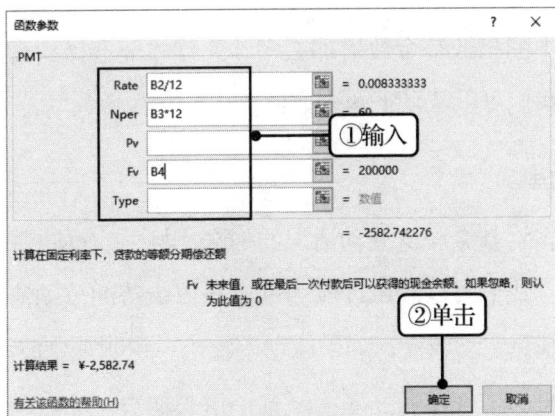

图 5-2　PMT 函数计算

从上图可以看到，根据计算结果，投资者每月大约定投 2 582.74 元，就基本能实现投资目标。

需要注意的是，根据投资目标计算每月定存金额时不能脱离实际，也就是说要检查一下每月定投的金额是否超出自己的承受范围，确保投资金额不会对家庭正常生活产生影响。如果当前计算的定投金额超出实际的承受范围，就需要重新考虑定投目标和期限。

5.2.2　筛选适合定投的基金

基金定投中流行着这么一句话，"指数基金是最理想的定投工具"，市场上的基金品种那么多，为什么偏偏是指数基金呢？其实，这与指数基金的构成原理相关。

指数基金是一篮子股票的集合，它的投资目标不是追求单一个股的高收益回报，而是跟上某一类行业或市场享受平均收益，这与定投的本质不谋而合。定投避免了择时这一投资关键问题，而是通过多次分散投入，摊平成本进行投资，追求的不是最高的投资回报率，而是风险更低的市场平均收益。正是因为这样的理念，使得指数基金成为众多基金种类中定投的首选。

但是市场中的指数基金数量那么多，怎样才能选择到真正适合定投的指数基金呢？我们可以从以下两个方面入手：

（1）波动率

波动率是表示基金净值波动情况的一个指标，它反映基金投资回报的上下波动情况。我们可以简单理解为基金净值走势的波动情况，如果波动率较大，说明基金波动较大；如果波动率较小，说明基金波动较小。

在基金定投中，选择波动率大的基金更为适合，如果选择的基金波动率较小，基金净值走势比较平稳，则说明基金净值变化不大。这样一来，投资者想要通过定投的方式来摊平投资成本的目的则难以实现。

实例分析

两只基金波动率大小投资比较分析

假设两只指数基金 A 和 B，A 基金的波动率更低，走势更平稳，在 5 个月的时间里基金净值从 1.00 元上涨至 1.50 元。而 B 基金波动率更大，走势变化大，但同样在 5 个月的时间里基金净值从 1.00 元上涨至 1.50 元。这 5 个月两只基金的净值变化如表 5-3 所示。

表 5-3　基金净值变化

时　　间	A 基金净值（元）	B 基金净值（元）
第 1 个月	1.00	1.00
第 2 个月	1.10	0.80
第 3 个月	1.20	0.60
第 4 个月	1.40	1.20
第 5 个月	1.50	1.50

两只基金同样投资 4 000.00 元，且以定投的方式进行投资，每月定投 1 000.00 元，定投了 4 个月后在第 5 个月基金净值为 1.50 元时赎回，计算两只基金的投资收益。

① A 基金的投资收益。

第 1 个月买进份额：1 000.00÷1.00=1 000（份）

第 2 个月买进份额：1 000.00÷1.10=909.090 9（份）

第 3 个月买进份额：1 000.00÷1.20=833.333 3（份）

第 4 个月买进份额：1 000.00÷1.40=714.285 7（份）

A 基金持有总份额：1 000+909.0909+833.3333+714.2857=3 456.709 9（份）

A 基金收益：3 456.7099×1.50－4 000.00=1 185.06（元）

②B 基金的投资收益。

第 1 个月买进份额：1 000.00÷1.00=1 000（份）

第 2 个月买进份额：1 000.00÷0.80=1 250（份）

第 3 个月买进份额：1 000.00÷0.60=1 666.666 6（份）

第 4 个月买进份额：1 000.00÷1.20=833.333 3（份）

B 基金持有总份额：1 000+1 250+1 666.666 6+833.333 3=4 749.999 9（份）

B 基金收益：1.50×4 749.999 9－4 000.00=3 125.00（元）

从实例的计算结果可以看到，两只基金定投时，波动大的基金持有的基金份额更多，相应地，投资者的买进成本更低，获得的投资收益也更高。

通过上述实例可以看到，在起始净值和最终净值一定的情况下，净值波动率会对定投收益率造成影响，净值波动较大的基金更适合定投。

想要通过基金净值波动率来筛选基金，投资者就要懂得查看基金净值的波动率，这一指标可以在天天基金网上进行查看。在天天基金网中提供了三个衡量基金风险的指标：标准差、夏普比率及最大回撤。

其中，标准差就是波动率，它反映的是基金回报率的波动幅度，指过去一段时期内，基金每个月的收益率相对于平均月收益率的偏差幅度的大小，越低说明波动控制越好。具体的波动率查看方法如下。

实例分析

查看基金波动率

打开天天基金网，找到目标指数基金，在基金页面单击"跟踪误差"超链接，如图 5-3 所示。

图 5-3　单击"跟踪误差"超链接

在"特色数据"栏中即可查看到基金的标准差，如图 5-4 所示。

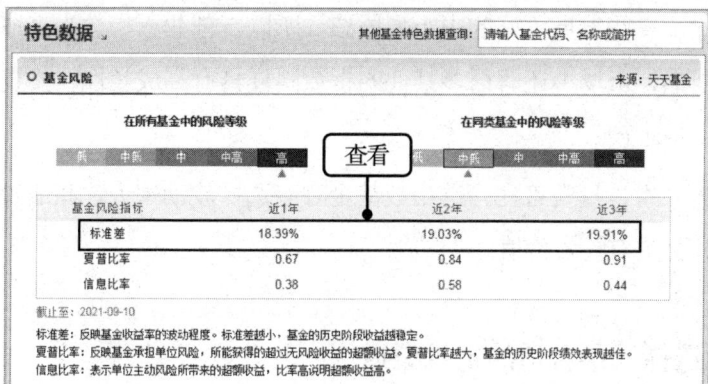

图 5-4　查看基金标准差

（2）高成长性

虽然波动率大的指数基金定投能够拉低我们的买进成本，但是却不一定能够赚钱获益。如果是长期下跌没有回升的指数，即便是波动率较大，投资者也无法真正获益。因此，在考虑波动率大小的同时还不得不考虑一个重要因素——高成长性。

高成长性的意思是说，即便指数当前处于下跌趋势之中，但是指数的波动整体是向上的，从长远的角度来看它是有利可图的，也是值得期待的。

通常情况下，成长期的企业处于上市初期，市值较小，在牛市行情更容易被资金推动，更具有高成长的潜力。

那么，什么样的指数是高成长性的指数呢？对于这一问题，可以看看创业板指数。首先，创业板也被称为二板市场，它主要是为暂时无法在主板市场上市的创业性企业提供融资途径和成长空间的证券交易市场，所以，在创业板市场上市的公司具有较高的成长性，但往往成立时间较短，规模较小，业绩也不突出，但有很大的成长空间。

创业板指数的编制原理是从创业板股票中选取 100 只规模大、流动性好，具有代表性的股票组成样本股，以反映创业板市场的运行情况，这就帮助剔除了一些发展不好的中小型股票。所以，创业板指数为高成长性的指数。当然，市场中还有很多其他的指数同样具有高成长性，投资者需要多观察、多比较。

总的来看，投资者在筛选指数基金时应选择波动率大、高成长性的指数基金，会更有投资价值。

5.2.3 选择一条合适的定投渠道

选择好基金之后，投资者还需要选择定投的渠道。定投的时间周期比较长，交易的频率较多大，要选择一个适合的、方便的、划算的渠道进行投资。

基金定投常见的渠道包括三种：银行、基金公司官网和第三方销售平台。具体怎么选，可以从两个方面来做具体的考虑：

◆ 选择费率更低的

费率直接关系到投资成本，因为基金买进、卖出存在申购费率和赎回费率，且定投的投资模式意味着投资者需要长期频繁买进，所以，投资者有必要选择一个费率更低的销售渠道。

从理论上来说，同一只基金的费率应该都是一样的，但不同的渠道为了吸引更多的投资者或维护新老客户会有不同的费率优惠，所以，各大平台的费率是不同的。投资者可以多家比对，选择费率更低的渠道做定投。

◆　操作便捷性

定投也被称为懒人投资法，即首次设置好之后，后续的基金购买扣款都由平台自动完成。这就需要我们在选择渠道时选择操作方式更便捷、界面更简单清爽的平台，既能减少投资者的一些不必要的操作，也能快速实现定投，包括银行卡绑定、资金扣款、结束定投等操作。

只要选择的渠道能够满足上述两个要求，那么就是比较适合投资者做定投的渠道。

5.3　多种多样的基金定投法

传统意义上的定投往往是指定期定额投资，即在固定的时间投入固定金额购买同样的基金。但是，为了满足更多投资者的实际需要，以及降低投资者的投资风险，许多平台都推出了智能定投模式，使得定投更灵活，投资更智能。市面上的智能定投方法有很多，这里介绍几种常见的智能定投法。

5.3.1　根据目标达成状况确定定投时间

目标止盈法与其他智能定投法存在较大的不同，其他的智能定投法通常是在定投的金额上做文章，通过市场的变化情况来灵活调整每次定投的金额，但是目标止盈法则是在传统的定投基础上增加了止盈策略，即当定投收益率达到用户设置的目标收益时，定投计划便自动止盈，帮助投资者锁定收益，落袋为安。

下面以在支付宝中定投指数基金为例来具体讲解目标止盈定投。

实例分析

目标止盈定投操作分析

打开支付宝，进入"理财／基金"页面，在该页面中点击"指数基金"按钮，进入指数基金页面，并在该页面中点击"目标投"按钮，如图5-5所示。

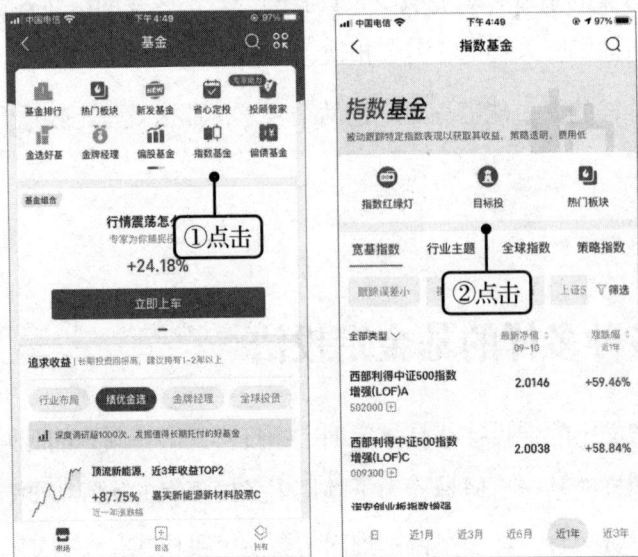

图5-5　进入指数基金页面

进入目标投页面，在页面中左右滑动指标轴即可设置目标收益率，此时平台为投资者自动设置了一个目标投计划，投资者可以点击页面中的"修改计划"超链接进行修改。

打开修改目标投页面，可设置买入基金、定投金额、付款方式及定投周期，完成后点击"确认修改"按钮。返回至目标投页面，点击"开启新的目标投"按钮即可完成目标投设置，如图5-6所示。

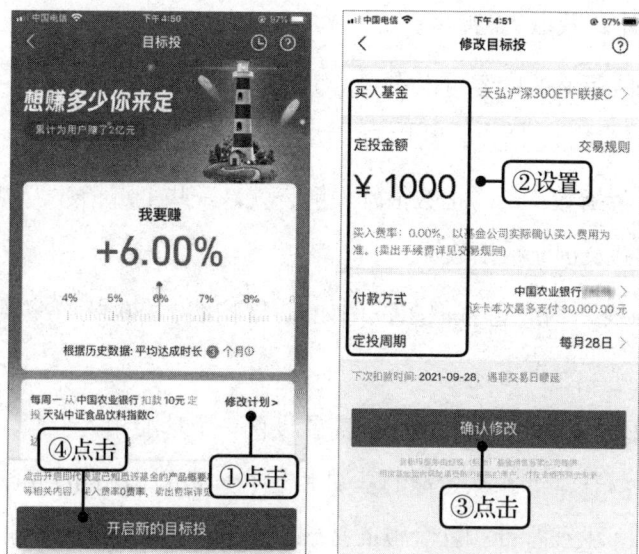

图 5-6　修改目标投计划

随后，系统会在每月 28 日自动从绑定的银行卡中扣款 1 000.00 元买入天弘沪深 300ETF 联接 C 基金，当投资的收益率达到 6% 时便会自动停止定投计划。

在实例中的目标投页面中可以看到，在投资者设置的目标收益率下方有一个"根据历史数据：平均达成时长"提示。因为目标设定的高低与一轮定投的时间周期直接相关，设置的目标收益率低，投资目标更容易达到，定投时间周期短；而设置的目标收益率高，投资花费的时间周期就更长。因此，投资者可以根据历史数据的平均达成时长来进行参考，设置符合自己需求且时间周期适合的目标收益率。

5.3.2　以均线偏离程度确定定投金额

智能定投策略中的均线法是一种技术指标投资法，以均线为基准线，当指数低于均线时增加定投额；当指数高于均线时减少定投额。通过这样的方法实现在低点时多买，高点时少买，充分利用市场行情的变化，进而摊薄建仓成本，获取更高收益。

根据均线策略的内容可以看到，定投的金额是根据指数与均线的偏离程度来进行扣款的，所以，利用均线法做定投需要以下三个必要条件：

确定参考指数。参考指数很好理解，就是一些主流指数，例如上证综指、沪深300及创业板指数等。

确定均线。均线也有很多，例如60日均线、180日均线及500日均线等。

确定级差。投资者在做定投前需要设置一个基准扣款金额，当指数低于均线时，就在基准扣款金额的基础上上浮一定的比例进行扣款；当指数高于均线时，就在基准扣款金额的基础上降低一定的比例进行扣款，从而实现低点时多买，高点时少买。

下面我们以支付宝基金理财中的均线定投策略为例进行讲解。

实例分析

均线偏离策略定投法

支付宝中的指数基金智能定投均线策略是根据参考指数的收盘价和历史均值动态调整扣款率，高于均线便减少投资金额，低于均线则增加投资金额。实际定投金额的计算公式如下：

实际定投金额＝基础定投金额 × 当期扣款率

当T-1日指数收盘价高于500日平均值时，实际的定投金额扣款率如表5-4所示。

表5-4　定投扣款率

若T-1日指数收盘价高于500日平均值	实际扣款率
0 ～ 15%	90%
15% ～ 50%	80%

续表

T-1 日指数收盘价高于 500 日平均值	实际扣款率
50% ～ 100%	70%
100% 以上	60%

当 T-1 日指数收盘价低于 500 日平均值时，实际的定投金额扣款率如表 5-5 所示。

表 5-5　定投扣款率

若 T-1 日指数收盘价低于 500 日平均值	近 10 日振幅 > 5% 的实际扣款率	近 10 日振幅≤ 5% 的实际扣款率
0 ～ 5%	60%	160%
5% ～ 10%	70%	170%
10% ～ 20%	80%	180%
20% ～ 30%	90%	190%
30% ～ 40%	100%	200%
40% 以上	110%	210%

其中 10 日振幅计算公式如下：

指数过去 10 日振幅 = 指数过去 10 个交易日最高日收盘价 ÷ 指数过去 10 个交易日最低收盘价 -1

假设某投资者设置的定投基准金额为 1 000.00 元，那么，当指数收盘价高于 500 日平均值 20% 时，应减少投资，此时的实际扣款利率为 80%。那么计算当期定投的实际金额为：1 000.00×80%=800.00（元）

当指数收盘价低于 500 日平均值 10% 时，且近 10 日振幅≤ 5% 时应增加投资，此时的实际扣款率为 170%。那么，计算当期定投金额为：1 000.00×170%=1 700.00（元）。

可以看到，通过均线与参考指数的偏离程度来做定投是对定期定额投入的一种优化，能实现低点时多买，高点时少买，使定投更智能。但是，均线定投策略需要注意两点：

参考的指数。投资者要根据目标指数基金选择对应的参考指数，例如买进的是沪深 300 指数基金，那么，参考指数就应该是沪深 300 指数，否则参考的指数就失去了意义。

均线的周期。均线的周期有长有短，数量较多，投资者在选择时应选择时间跨度长的均线，时间跨度越长越能反映指数的变化，越有参考价值。

5.3.3 从投入成本的角度考虑定投金额

从投入成本的角度考虑定投金额指的是移动平均成本法投资。它是通过定投基金的最新净值和已买入该基金的平均成本来进行比较，当平均持有成本高于定投基金时，增加投资金额去购买更多的基金份额；反之，当投资者的平均持有成本低于定投基金时，减少投资金额去购买更少的基金份额。

利用移动平均法做定投需要设置四个参数，以实现低点多投，高点少投，具体如下：

◆ 最新净值低于单位平均成本 a 时，扣款金额提高到 b。

◆ 最新净值高于单位平均成本 c 时，扣款金额降低到 d。

其中，a、b、c、d 就是我们需要设置的四个参数。例如，某投资者设置的每月的基准扣款金额为 1 000.00 元，则 a、b、c、d 分别为 0.5%、1 200.00 元、3%、800.00 元。

也就是说，如果扣款前一日基金的单位净值低于已买入基金的单位平均成本，且幅度大于 0.5% 时，则定投的金额提高到 1 200.00 元；如果扣款前一日基金的单位净值高于已买入基金的单位平均成本，且幅度超过 3%

时，则定投的金额降低到 800.00 元。

在实际的成本策略法智能定投中，往往平台会提供两种不同的参数设置，包括适合激进型投资者和保守型投资者的参数设置，以迎合不同风险偏好的投资者，当然投资者也可以自定义参数。

在激进型参数设置中，当基金净值高于持有成本的幅度参数不大时，定投金额相对基准扣款金额的降低幅度较小。当基金净值低于持有成本的幅度参数不多时，定投金额相对基准扣款金额的增加幅度较多。可以看到，激进型的做法是在持有成本与基金净值之间的差异幅度较小时就维持较高的定投倍数，实际定投总额会较高。

而保守型参数设置则与激进型参数设置相反，只有等到持有成本与基金净值之间的差异幅度已经较大时才会变动定投额，否则一直按基准额度扣款。

通过前面的介绍可以知道，有别于其他的智能定投法，在平均成本法中定投金额的增加与减少与当日基金的表现没有关系，而与投资前一日的基金净值相关。这种智能处理方法直接从优化持有成本的角度出发，做到低处多投、高处少投，进而实现优化持有成本的目的。

5.3.4　根据投资的盈亏情况来调整定投金额

根据投资的盈亏情况来智能调整定投金额为定投盈亏法，操作也比较简单、直接。如果定投账户的投资亏损达到一定的幅度，则说明当前市场处于低点，可以加大定投金额。

但是，定投盈亏法的局限性在于只能判断市场的低点，无法进行高点判断，所以，利用定投盈亏法只能在低点做加码定投，而在其他的时候则按照投资者事先设定的基准扣款金额进行定投扣款。

在定投盈亏法中，投资者需要通过设置两个参数来实现低点多投，即定投账户亏损幅度达到 a 时加大定投金额，加仓的幅度为 b。

在实际的定投盈亏设置中，为了更好地把握市场行情，不放过市场低点，通常会以阶梯的形式进行设置。图 5-7 所示为某基金平台的定投盈亏法。

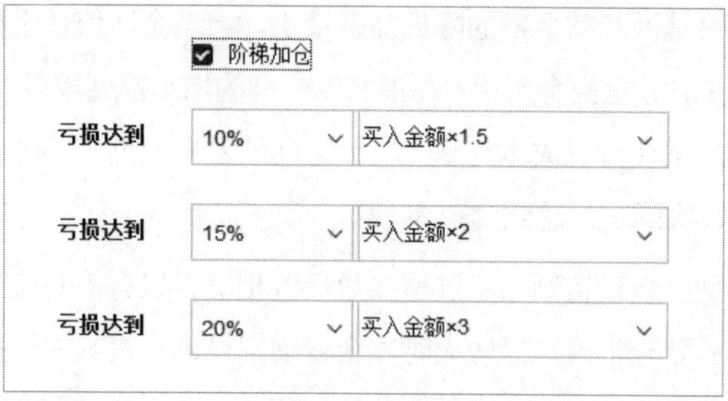

图 5-7　定投盈亏法

如果按照图中的设置标准进行定投操作，投资者每月定投的基准金额为 1 000.00 元，那么，当投资亏损达到 10% 时，定投金额提升至 1 500.00 元；当投资亏损达到 15% 时，定投金额提升至 2 000.00 元；当投资亏损达到 20% 时，定投金额提升至 3 000.00 元。

但是为了避免在熊市市场中无底加仓，所以，一般会在该策略的基础上加上熊市清仓策略。其次，虽然没有高点判断，但是为了实现收益落袋，会在该策略中添加止盈机制来优化这一策略，具体如下：

◆ **熊市清仓策略：**当市场估值处于高位且均线空头排列时，判断市场后续下跌，清仓。

◆ **止盈机制：**设置止盈阈值 10%，当持仓盈利达到 10% 时，赎回盈利部分，锁定收益。

定投盈亏法的核心是在下跌的行情中积极买入，跌得越多，越具有投资价值，所以，越跌越买，从而实现摊低成本的目的。但是，该定投方法对投资者的心理承受能力有一定的要求。

5.3.5　根据指数的估值情况来调整定投金额

在上一章的内容中我们介绍过指数估值，可以通过指数的估值情况来调整股债比例，这里我们同样可以利用指数的估值情况来调整基金定投的金额。

当指数估值处于合理区间时，则开始定投；当指数估值处于较低位置时，判断当前市场处于低位，则加码买入；当指数估值处于较高位置时，判断当前市场处于高位，则应卖出持仓。

这是因为指数处于低估值时，行情以横盘和上涨为主，市场的上涨空间较大，所以，可以加码买入。当指数位于正常估值时，行情是上涨、下跌、横盘轮动，有成长也有风险，所以，应以观望为主。指数处于高估值时，下跌的可能性大于横盘和上涨，上涨空间很小，高风险及时离场才能规避风险。

下面以支付宝基金理财中的估值策略为例进行讲解。

实例分析

支付宝估值策略定投法

支付宝基金理财中提供了一种指数基金智能定投估值策略——指数红绿灯，根据交通规则"红灯停、绿灯行"来指导投资者的投资操作，当估值处于低估值区间时，显示绿灯，提示投资者可以买入；当估值处于正常区间时，显示黄灯，提示投资者可以持续关注；当估值处于高位区间时，显示红灯，提醒投资者及时离场。

打开"支付宝/基金"页面，进入指数基金页面，在该页面中点击"指数红绿灯"按钮，进入指数红绿灯页面，在该页面中选择绿灯的指数，如图5-8所示。

图 5-8　选择低估指数

　　进入指数详情页面，查看指数估值信息之后，选择下方指数基金，点击"智能定投"按钮，进入定投页面，设置好定投信息，点击"确定"按钮即可，如图 5-9 所示。

图 5-9　开启估值定投

开启智能定投之后，便开启了低估策略，即仅在跟踪指数为低估时买入。低估策略下的扣款如表 5-6 所示。

表 5-6　扣款说明

扣　款　日	指数估值	是否扣款
T 日扣款	T−1 为低估	当期扣款
T 日扣款	T−1 为正常估值	当期不扣款
T 日扣款	T−1 为高估	当期不扣款

可以看到，估值法定投比较简单，也容易理解，投资者不用关心基金的涨跌情况，直接以估值的高低来决定自身的定投操作，低了便买进，高了便卖出。

5.3.6　从价值平均的角度来确定定投的金额

价值平均定投法是一种以结果为导向的定投方法，要求每次定投时通过增减投资金额，使得投资后的价值呈线性增加。这种定投方式有别于传统的定额定投，在传统的定投中每期投入的金额是固定的，但是价值平均法定投中每期资产净值递增的数量是相同的。

下面我们以一个具体的例子计算来感受一下价值平均定投法。

实例分析

价值平均定投法实例计算

假设某投资者想要在一年的时间里利用价值平均定投法实现资产净值达到 12 000.00 元。

如果以月为单位周期，那么 12 期的时间，每一期净值都需要实现上涨 1 000.00 元的目标，投资者的最终目标才能实现。

假设第 1 期至第 12 期定投的指数基金单位净值变化为：1.00 元、1.30 元、

1.40 元、1.10 元、0.90 元、0.80 元、1.00 元、1.10 元、1.20 元、1.00 元、1.30 元和 1.40 元，那么计算该投资者每月的定投金额，具体如下：

第 1 期，投资者投入 1 000.00 元，买进基金 1 000 份额，此时账户的资产价值为 1 000.00 元。

第 2 期，因为账户要实现 1 000.00 元的增加，所以此时的资产价值为 2 000.00 元，又因为基金净值为 1.30 元，所以投资者应持有的基金份额为：2 000.00÷1.30=1 538.461 5（份）。因为投资者已经持有 1 000 份额，所以在第 2 期只需要买进 538.461 5 份即可，因此第 2 期定投的成本为：1.30×538.461 5=700.00（元）。

第 3 期，因为账户要持续 1 000.00 元的增加，所以此时的资产价值为 3 000.00 元，又因为基金净值为 1.40 元，所以投资者应持有的基金份额为：3 000.00÷1.40=2 142.857 1（份）。因为投资者已经持有了 1 538.461 5 份，所以在第 3 期只需要买进 604.395 6 份即可，因此第 3 期定投的成本为：1.40×604.395 6=846.15（元）。

第 4 期，因为账户要持续 1 000.00 元的增加，所以此时的资产价值为 4 000.00 元，又因为基金净值为 1.10 元，所以投资者应持有的基金份额为：4 000.00÷1.10=3 636.363 7（份）。因为投资者已经持有了 2 142.857 1 份，所以在第 4 期需要买进 1 493.506 6 份，因此第 4 期定投的成本为：1.10×1 493.5066=1 642.86（元）。

第 5 期，因为账户要持续 1 000.00 元的增加，所以此时的资产价值为 5 000.00 元，又因为基金净值为 0.90 元，所以投资者应持有的基金份额为：5 000.00÷0.90=5 555.555 6（份）。因为投资者已经持有了 3 636.363 7 份，所以在第 5 期需要买进 1 919.191 9 份，因此第 5 期定投的成本为：0.90×1 919.191 9=1 727.27（元）。

第 6 期，因为账户要持续 1 000.00 元的增加，所以此时的资产价值为 6 000.00 元，又因为基金净值为 0.80 元，所以投资者应持有的基金份额为：6 000.00÷0.80=7 500（份）。因为投资者已经持有了 5 555.555 6 份，所以在第 6 期需要买进 1 944.444 4 份，因此第 6 期定投的成本为：0.80×1 944.4444=1 555.56（元）。

第 7 期，因为账户要持续 1 000.00 元的增加，所以此时的资产价值为 7 000.00 元，又因为基金净值为 1.00 元，所以投资者应持有的基金份额为：7 000.00÷1.00=7 000（份）。因为投资者已经持有了 7 500 份，所以在第 7 期需要买进 −500 份，因此第 7 期定投的成本为：1.00×（−500）=−500（元）。

第 8 期，因为账户要持续 1 000.00 元的增加，所以此时的资产价值为 8 000.00 元，又因为基金净值为 1.10 元，所以投资者应持有的基金份额为：8 000.00÷1.10=7 272.727 3（份）。因为投资者已经持有了 7 000 份，所以在第 8 期需买进 272.727 3 份，因此第 8 期定投成本为：1.10×272.727 3=300.00（元）。

第 9 期，因为账户要持续 1 000.00 元的增加，所以此时的资产价值为 9 000.00 元，又因为基金净值为 1.20 元，所以投资者应持有的基金份额为：9 000.00÷1.20=7 500（份）。因为投资者已经持有了 7 272.727 3 份，所以在第 9 期需要买进 227.272 7 份，因此第 9 期定投的成本为：1.20×227.272 7=272.73（元）。

第 10 期，因为账户要持续 1 000.00 元的增加，所以此时的资产价值为 10 000.00 元，又因为基金净值为 1.00 元，所以投资者应持有的基金份额为：10 000.00÷1.00=10 000（份）。因为投资者已经持有了 7 500 份，所以在第 10 期需要买进 2 500 份，因此第 10 期定投的成本为：1.00×2 500=2 500.00（元）。

第 11 期，因为账户要持续 1 000.00 元的增加，所以此时的资产价值为 11 000.00 元，又因为基金净值为 1.30 元，所以投资者应持有的基金份额为：11 000.00÷1.30=8 461.538 5（份）。因为投资者已经持有了 10 000 份，所以在第 11 期需要买进 −1 538.461 5 份，因此第 11 期定投的成本为：1.30×（−1 538.461 5）=−2 000.00（元）。

第 12 期，因为账户要持续 1 000.00 元的增加，所以此时的资产价值为 12 000.00 元，又因为基金净值为 1.40 元，所以投资者应持有的基金份额为：12 000÷1.40=8 571.428 6（份）。因为投资者已经持有了 8 461.538 5 份，所以在第 12 期需要买进 109.890 1 份，因此第 12 期定投的成本为：1.40×109.890 1=153.85（元）。

这一年的账户变化如表 5-7 所示。

表 5-7 账户变化

期 数	基金净值（元）	买入份额	投入成本	账户资产价值	盈亏（元）
1	1.00	1 000	1 000.00	1 000.00	0.00
2	1.30	538.461 5	700.00	2 000.00	300.00
3	1.40	604.395 6	846.15	3 000.00	153.85
4	1.10	1 493.506 6	1 642.86	4 000.00	−642.86
5	0.90	1 919.191 9	1 727.27	5 000.00	−727.27
6	0.80	1 944.444 4	1 555.56	6 000.00	−555.56
7	1.00	−500	−500	7 000.00	1 500.00
8	1.10	272.727 3	300.00	8 000.00	700.00
9	1.20	227.272 7	272.73	9 000.00	727.27
10	1.00	2 500	2 500.00	10 000.00	−1 500.00
11	1.30	−1 538.461 5	−2 000.00	11 000.00	3 000.00
12	1.40	109.890 1	153.85	12 000.00	846.15

根据表格可以看到，价值平均定投法中维持的是每期账户资产价值的定额增长，如果行情上涨账户盈利，那么在下一期定投的时候，便会少买或者是卖出筹码，以此来收割盈利并控制仓位，使得账户市值达到平均，这里体现的是高卖。

但是，如果行情下跌，账户亏损，那么在下一期定投的时候，便会买入更多的筹码以弥补损失部分，使得账户市值再次达到平衡，这里体现的是低买。正是通过这样高卖低买的策略，使得账户的效率更高，也能提高盈利。

5.4　掌握定投技巧让投资更顺畅

一些投资者认为定投只要设置好基本的定投规则即可，不用过多地关注它。其实并不是，定投虽然简单，但是其中也蕴藏着一些技巧，掌握这些技巧可以帮助投资者更好地完成定投，还能提高定投的收益率。

5.4.1　基金定投的收益率计算法

收益率计算是了解投资效果的重要判断方法，但是与一次性投资不同的是，基金定投的投入次数较多，且买入成本不同，所以，收益率的计算更复杂。因此，很多投资者不知道怎么来计算基金定投的收益率。

虽然分批买入基金，投资次数、投入成本及投资时间不同，但是我们可以通过一些比较容易理解的方法来粗略计算收益。

（1）总成本法

总成本法指的是虽然中间买入的次数和投资周期时间长短不同，但是我们投入的总的本金是固定不变的，所以，只需要以当前的市值计算出此番投资的收益，再除以本金即可简单计算出收益率。计算公式如下：

定投收益率 = 收益 ÷ 本金 =（市值 − 本金）÷ 本金

该方法无须考虑定投的次数和周期，是最简单，也是最直接的收益率计算方法。

实例分析

总成本法计算定投收益率

如果某投资者每月定投并持续两年，每次 1 000.00 元，两年后总赎回 31 214.23 元，那么该投资者的定投收益率计算如下：

定投两年，定投期数为 24 期，每次 1 000.00 元，那么两年投资者投入的总本金为：1 000.00×24=24 000.00（元）。

定投收益率＝（31 214.23−24 000.00）÷24 000.00=30.06%

（2）平均成本法

在股票投资中，我们计算收益率时，经常会用"收益率＝（卖出价格−买入价格）÷买入价格"公式来进行计算，这是一次性投资常用的计算方式，该理论在基金定投中同样适用。

因为定投的投资方式为多次分批买进，所以，公式中的买入价格应该取平均值，而卖出价格则为赎回基金份额时的基金净值。

实例分析

平均成本法计算定投收益率

某投资者定投某指数基金6个月，每月投资1 000.00元，赎回时基金净值为1.53元。前5个月的基金净值变化为：1.00元、0.93元、1.02元、1.36元、1.42元，计算此番定投的收益率如下：

投资者投入的总成本为：1 000.00×5=5 000.00（元）

投资者持有的基金总份额为：1 000.00÷1.00+1 000.00÷0.93+1 000.00÷1.02+1 000.00÷1.36+1 000.00÷1.42=4 495.180 4

投资基金的平均成本为：5 000.00÷4 495.180 4=1.11（元）

定投收益率＝（1.53−1.11）÷1.11=37.84%

上述两种定投收益率计算方式都是简单的计算法，可以帮助投资者快速了解大概的收益率情况。但事实上它们与真正的定投收益率之间还是存在一定的误差，因为这些计算方法都没有考虑时间周期的问题，而考虑时间周期问题的定投收益率计算方式比较复杂，需要借助函数来计算。

其实，在实际的投资中，投资者通常不用自己计算定投收益率，账户中的持仓收益率就是定投收益率。

　　如果投资者想要仔细了解定投收益率的计算情况，可以借助定投收益计算器，操作更简单，结果也更精确，如今很多基金销售平台都提供了基金定投收益计算器这一工具。

　　以东方财富网为例，打开"首页 / 基金 / 投资工具 / 收益计算 / 基金定投收益计算器"，进入基金定投计算器功能页面。在页面中根据提示设置基金定投的详细信息，包括基金代码、起始时间、结束日、赎回日、定投周期及定投金额等，然后单击"计算"按钮，如图 5-10 所示。

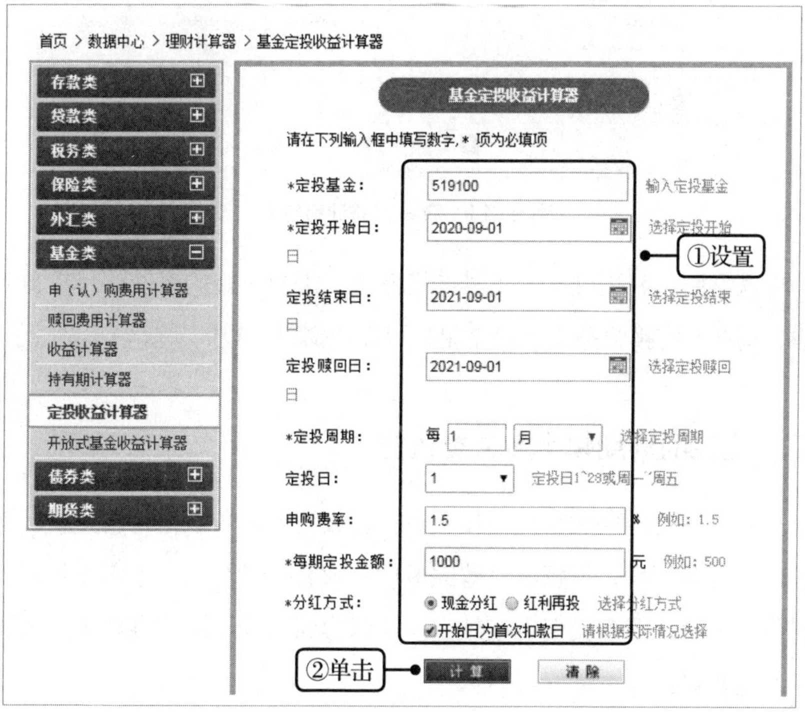

图 5-10　设置定投信息

　　完成后即可在页面下方看到详细的基金定投收益计算结果，如图 5-11 所示。

计算结果				
截止定投赎回日的收益		期末总资产包括红利再投或现金分红方式取得的收益		
定投总期数	投入总本金（元）	分红方式	期末总资产（元）	定投收益率
12期	12,000.00	现金分红	11,563.72	-3.64%

定投记录

定投日期	单位净值	定投金额	购买份额
2021-08-02 星期一	1.3955	1,000.00	706.00
2021-07-01 星期四	1.5095	1,000.00	652.68
2021-06-01 星期二	1.5350	1,000.00	641.84
2021-05-06 星期四	1.4585	1,000.00	675.50
2021-04-01 星期四	1.4798	1,000.00	665.78
2021-03-01 星期一	1.5508	1,000.00	635.30
2021-02-01 星期一	1.5453	1,000.00	637.56
2021-01-04 星期一	1.9384	1,000.00	508.27
2020-12-01 星期二	1.8690	1,000.00	527.14
2020-11-02 星期一	1.7222	1,000.00	572.07

上一页 **1** 2 下一页 转到 ___ 页 Go

图 5-11　查看收益计算结果

可以看到，利用这样的工具，投资者只需要很短的时间便可以得到详细的、精准的定投收益率计算结果，可以更清楚定投的实际情况。

5.4.2　定投的周期频率多久更适合

基金定投的周期通常是由投资者自行设置的，可以是每日定投、每周定投或者每月定投，投资者设置完成后系统会自动扣款，不需要投资者手动操作。但是，很多投资者在做定投时都会纠结定投的周期频率应该设置多少比较好呢？

针对这一问题，可以从两个方面来对其进行分析，具体如下：

（1）收入情况

大部分做基金定投的投资者都是缺乏充足的时间和精力，想要以定期投资获得投资收益的工薪族，所以，这类投资者通常不会全职投资，而是以工资收入作为定投的本金。

鉴于此，投资者在设置定投频率时就不得不考虑工资收入的实际情况。国内大部分职员的工资都是按月发放，如果投资者以周为频率进行投资，可能会带来一定的资金压力。基金通常都有一个持有时间不足 7 天的惩罚性赎回费，所以，综合来看，以月作为定投频率更适合。

（2）收益率

投资者考虑定投周期频率的最大原因在于担心周期频率会对收益率造成影响。对于这一问题，我们可通过实际的对比来进行查看。图 5-12 为某指数基金周定投和月定投三年的收益率计算结果。

图 5-12　三年期周定投与月定投收益比较

从上图可以看到，周定投的收益率为 169.67%，月定投的收益率为 169.82%，两者相差 0.2% 不到。为避免出现偶然性，再拉长时间周期，以五年为例进行比较，结果如图 5-13 所示。

图 5-13　五年期周定投与月定投收益比较

从上图可以看到，五年期的周定投收益率为 171.60%，五年期的月定投收益率为 171.93%，两者的收益率差额不到 0.4%。

通过比较可以看到，定投的频率高低对于定投收益率的影响微乎其微。因此，如果投资者决定采用定投的方式去投资，应该根据自己的资金情况，选择对应的定投频率即可。虽然定投具有平摊成本的效用，但定投频率对整体收益的影响很小，决定定投收益高低的往往是卖出时点及定投标的的质量。

5.4.3　基金定投中的分红怎么选更划算

在基金投资的过程中，只要满足特定条件，基金就会定期分红，指数基金也是如此。对于分红，投资者比较纠结的就是分红方式的选择。

基金分红主要包含两种分红方式，即现金分红和红利再投，具体内容如下。

①现金分红是指基金公司将基金收益的一部分，以现金方式派发给基金投资者的一种分红方式

②红利再投是指基金进行现金分红时，基金持有人将分红所得的现金以当天基金价格直接用于购买该基金，增加原先持有基金的份额。

关于两种分红方式的选择，还是要以投资者的投资策略为主。如果投资者的投资以短期为主，对该指数基金后市的发展情况不看好，持谨慎态度，则可以选择现金分红方式，及时获利了结。这是因为如果股市行情处于下行通道中，现金分红的方式可以及时止损，并且省下自己赎回时所需的赎回费用。

如果投资者对某只指数基金长期看好，投资以长期投资为主，则应该选择红利再投的分红方式。从长远的角度来看，红利再投的分红方式增加了投资者的基金份额，这样就节省了投资者再投资的申购费，并且获得的基金份额还可以享受或是增加下次分红的数额，可使基金份额随着分红的次数增多而增加。所以，红利再投的分红方式比现金分红的收益率更好，也更划算。

5.4.4　掌握多种赎回方法灵活地赎回

提到定投中的基金赎回，很多投资者总是习惯性地一次性将持有的基金份额全部赎回结清。但其实在基金定投这一投资方法下也存在多种赎回方式，掌握这些赎回方法，灵活地进行赎回操作，既能提升投资收益，也能降低投资风险和成本。具体的赎回方法有以下一些：

◆　一次性赎回

一次性赎回是投资者接触最多，也最常用的一种赎回方法。它指的是当定投收益达到投资者的预期目标之后，投资者一次性赎回全部的基金定

投份额，将所有收益落袋为安。

◆ 分批赎回

基金定投就是一种分批买进基金份额的投资方式，在赎回时同样可以利用这一方法，通过分批的方式进行赎回。这是一种比较稳健的赎回方法，当投资收益达到目标时，如果行情还在继续上涨，那么先赎回部分基金份额，将部分收益落袋，其余基金份额继续在市场中上涨，提升收益率。

在分批赎回中，可以将基金份额分成 N 份，当基金达到目标收益率 a 时，赎回第一份；当基金达到目标收益率 b 时，赎回第二份，以此类推。

比如，持有基金 A，预期收益率是年化 30%，那么当基金 A 收益率达到 30% 时可以先赎回 50% 的基金份额，达到 35% 时再赎回剩余份额的 50%，如果后续止涨下跌了，跌幅超过 10% 就可以选择全部赎回。

◆ 赎回后再定投

投资者一次性全部赎回基金份额之后，基金定投计划还可以不终止，可以继续开始一轮新的定投，即将赎回的资金作为本金再次定投。这样既能锁定部分投资收益，还能避免市场上扬出现踏空的情况。

可以看到，基金赎回的方式有很多，所以，投资者在实际的投资赎回中要多方面考量，选择更具优势的赎回方法。

5.4.5 定投开始要讲究时机

很多投资者有定投的想法，也希望能够通过定投实现资金储蓄和资产增值，但却迟迟无法入场，究其原因发现他们更多的是找不到较好的定投开始时机。

有很多投资者都希望能够在市场比较明朗的时候再入场。但是，市场是一个比较复杂的主体，永远处于不断发展变化之中，即便是经验老到的投资者也无法精准地判断趋势。所以，这类想要看清趋势的投资者，往往在还没看清市场时就已经错过时机了。

另外，定投与短期投资不同。短期投资是一种快进快出的投机方法，需要准确地、快速地捕捉市场买进卖出时机，但是定投是一种长期投资策略，通过多次分批买进摊低成本，降低投资风险，所以，定投并不需要择时。下面以一个具体的例子来进行说明。

实例分析

不同时机下的基金定投收益比较

图 5-14 所示为沪深 300 指数 2014 年 6 月至 2021 年 8 月的 K 线走势。

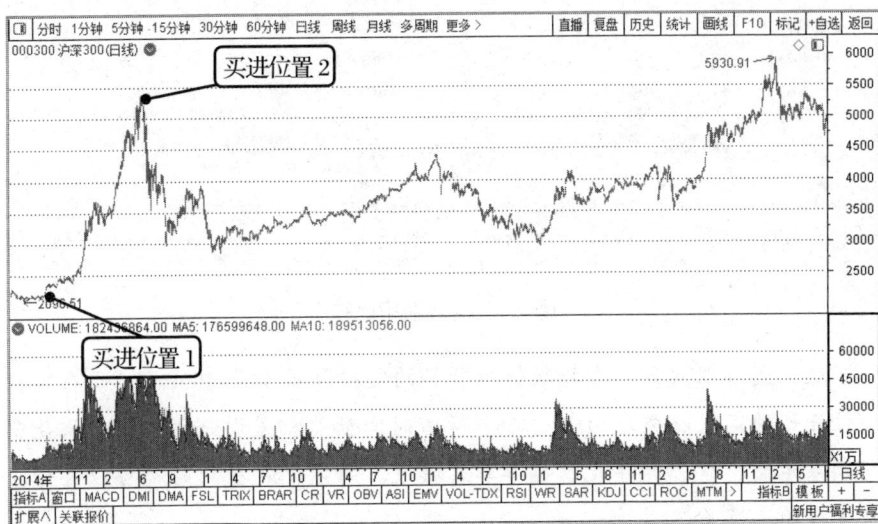

图 5-14　沪深 300 指数 2014 年 6 月至 2021 年 8 月的 K 线走势

从上图可以看到，沪深 300 指数在 2014 年至 2021 年这一段时间波动变化较大，指数最低跌至 2 000 点附近，最高上涨至 6 000 点附近。

如果 2014 年 7 月 1 日在指数 2 164.56 点的低位开始定投华泰柏瑞沪深 300 ETF（510300）指数基金，定投截止时间为 2021 年 7 月 1 日。在 2015 年 6 月 9 日指数为 5 380.43 点的高位开始定投华泰柏瑞沪深 300 ETF 指数基金，定投截止时间同样为 2021 年 7 月 1 日。假设每月定投 1000.00 元，比较两次定投的收益率，如图 5-15 所示。

图 5-15　收益率比较

从上图可以看到，在指数低位开始的定投收益率为 48.41%，而在指数高位开始的定投收益率为 42.24%，两者时间虽然相差近一年，但是收益率却相差不大，得到的年化收益率非常接近。所以，定投随时都可以开始，只要时间足够长。

综上所述，在基金定投中择时的意义并不大，相较于择时，其实投资者最应该做的是选择优秀的指数基金。如果选择业绩优秀且稳健的基金进行定投，即使经历极端市场挑战，也能够有不错的投资回报。

5.4.6　规避一些基金定投中的常见误区

除了掌握实用的基金定投技巧之外，投资者还必须了解一些基金定投中的常见误区，才能及时规避，避免遭受损失。基金定投中的常见误区主要有以下几点：

（1）定投时间越长越好

定投是适合长期投资的一种投资方式，定投的时间越长，投资者获利的概率越大。但是，定投的时间越长，收益率却不一定越高。

我们以跟踪中证 500 指数为标的的南方中证 500 指数 ETF 基金（510500）为例进行查看。该基金成立于 2013 年，假设从 2013 年开始定投，不同的定投期限下的收益率结果如表 5-8 所示。

表 5-8　不同期限定投的平均收益率

定投期限	收　益　率	定投期限	收　益　率
1 年	−8.75%	5 年	61.51%
2 年	51.82%	6 年	42.72%
3 年	21.83%	7 年	92.82%
4 年	43.10%	……	……

根据表格内容可以看到，定投的收益率与定投的时间有一定的关系，但收益率却不是呈逐年递增的，也就是说，定投不是时间越长收益率就越高。从表中数据可以得知，定投两年收益率高于定投 3 年、4 年，定投 5 年高于定投 6 年。

这是因为市场的波动呈现周期性变化，牛市和熊市会不断更替，最好的定投周期为熊市低位买进，积累份额，牛市高位卖出，及时止盈。如果长期定投而不止盈，收益会昙花一现，再次转入熊市当中。

其次，随着定投的时间拉长，定投摊平成本的作用就越来越小，会出现"平均成本钝化"的现象，此时定投时间长了，增收效果就不明显了。

如果定投收益不高或是亏损，可能是出现以下两种情况：

①熊市行情，下跌时停止扣款，上涨时则追高。

②低迷行情时减少每期扣款的金额，行情重启后再增加金额。

所以，投资者定投的期限最好大于等于一个市场周期，经历一个完整的熊牛市行情比较好，一般来说牛熊周期市场在 3～6 年。

（2）漏存后定投协议失效

通常第一次设置定投后，到了时间，系统就会自动扣款，投资者不用过多地操作。

这样的操作给投资者带来了很多方便，但是有的投资者会遇到银行卡里没有钱了，基金定投扣款失败的情况，那么，此时基金定投协议就失效了吗？

首先，我们需要了解基金扣款的程序，具体如下：

①如果没有指定具体的扣款日期，则一般扣款日期为当月的第一个交易日。

②投资者当天 15:00 点前办理定投，当天扣款，15:00 点后办理定投的，次日扣款。

③如当日法定交易时间内投资人指定的资金账户余额不足，银行系统会自动于次日继续扣款，并按实际扣款当日基金份额净值计算份额。

④扣款账户余额不足，违约次数达到三次，系统将自动终止投资人的基金定投业务。

也就是说，定投的过程中如果出现一到两个月漏存，没有关系，及时补存就可以，只要不是连续三个月停投就好。如果是连续三个月停投，那么，定投基金就会按照协议内容自动终止。

其次，投资者还需要了解违约的计算规则：若投资人本期内的资金账户余额不足，则本期扣款申购不成功，违约次数加一。在下一期，系统不仅要补扣上期申购款，还要扣取本期申购款，若补扣申购和本期扣款申购两者都成功，违约次数减一；若补扣申购成功但本期扣款申购不成功，违约次数不变；若补扣申购和本期扣款申购两者都不成功，违约次数再加一，以此类推。

所以，投资者应尽量避免出现漏存这一情况，保证银行卡里有钱。但如果由于账户余额不足导致扣款失败，投资者还可以试试通过修改定投扣款日期的方法来进行补救。

如果是按月扣款的，可以修改协议，把扣款日改成每周扣款，等扣款成功了，再改回月扣款即可。这样可以最大限度地避免影响定投计划。

（3）赎回后基金定投协议自动终止

很多人单纯地认为基金定投与一般的基金投资相同，只要赎回手中持有的全部份额就结束了，其实不是。

在基金定投中，即便定投的基金份额全部赎回，定投的协议也依然有效，定投也不会终止，只要银行卡内有足够金额及满足它的扣款条件，此后银行仍会定期扣款。

所以，投资者如想取消定投计划，除了赎回基金外，还应到销售网点填写《定期定额申购终止申请书》，办理终止定投手续。当然，投资者也可以利用三个月漏存自动停止协议的方法，漏存三个月扣款失败，使得定投协议自动失效。

（4）老基金才适合做定投

在基金定投的过程中，很多投资者会更倾向于选择老基金，甚至简单地认为老基金才更适合做定投。因为老基金成立时间长，有历史业绩可以查看参考，基金经理也比较有经验，所以，基金的表现更有保障。

虽然这种考虑有一定的道理，可以作为一种参考，但是也并不全对，因为基金成立的时间长短和基金业绩并不成正比。基金过去的业绩表现也不代表未来的业绩。我们在选择基金做定投时，还是应该综合考虑基金的类型、投资策略、投资范围等，而并非仅以成立时间来做判断。

第6章

构建指数基金投资组合风险更低

　　除了单一的指数基金投资之外，投资者还可以搭建基金组合，这样不仅可以使投资更平衡，还可以分散风险，使投资的风险更低。而且以组合的方式进行投资，在收益率方面也比单一基金投资收益更稳定。

- ○　**不要将所有鸡蛋放在一个篮子里**
- ○　**基金组合投资降低了资产波动**
- ○　**了解自己的风险承受能力**
- ○　**设定一个清晰的投资目标**
- ○　**选择目标基金并配置比例**
- ○　**……**

6.1　为什么要做基金组合投资

基金组合投资是对多个不同类型的基金同时投资，以此来降低整体收益的波动，提高投资的稳定性。这样的投资方式相比单一的基金投资优势更明显，可以更好地达到财富增值的目的。

6.1.1　不要将所有鸡蛋放在一个篮子里

投资市场中流行着这样一句话，"不要将所有的鸡蛋放在一个篮子里"，它的意思是指投资者投资时不要将所有的钱都投到一个产品上，这样投资风险过大，当市场行情发生转换时，如果未及时做出调整，会给投资造成重大损失。

不同类型的基金投资对象不同，面对的市场行情也存在不同的波动，我们利用这样的波动构建基金组合，可以使投资更平稳，能够在一定程度上抵御不同的市场环境变化，增强抵御风险的能力。简单来说，就是通过基金组合分散风险。

但是，很多投资者对"不要将所有鸡蛋放在一个篮子里"这句话的理解比较表面，他们认为基金组合投资既然要求分散，那么多放几个篮子，每个篮子里放上鸡蛋即可。这样简单粗暴的做法可能并不会起到真正的风险分散的作用。

首先，如果投资者单纯以为多选几个篮子就可以实现分散，那么很有可能你选的多个篮子本质上其实是同一个篮子，所以，即便投资者选择了多个平台和基金，自认为实现了分散，但其实只是在堆积风险。

真正的组合分散应该从平台类型、产品类型、投资期限、预期收益及投资风格等方面进行组合搭配，避免同一类型的基金进行组合，进而实现分散风险的目的。

6.1.2　基金组合投资降低了资产波动

我们在前面的内容中就曾经提到过波动率，它主要用来衡量资产收益率的不确定性，反映资产的风险水平，波动率越大，收益波动越剧烈，风险越高；反之，收益波动率越低，波动越平稳。

股票型指数基金为股票集合，波动较大。单只指数基金投资时如果适应了当时的市场风格，可能会在某个阶段表现突出，一旦市场风格出现转变，则表现低迷，投资者往往难以准确地把握每一个阶段的行情。这一涨一跌的波动使得基金波动率较大，投资风险较高，所以，此时可以利用组合投资，降低组合的波动率，增强投资的稳定性。

例如，某单只指数基金的波动率比较大，在 10% ～ 50%，此时投资者投资单只基金最高需要承受 50% 的波动风险。但如果以基金组合的方式进行投资，如指数基金持仓 60%，另外 40% 的资金投资稳健的债券型基金，该债券型基金的波动率为 5% 左右。那么，此时投资者的资产波动率计算如下：

最低：60% × 10%+40% × 5% ＝ 8%

最高：60% × 50%+40% × 5% ＝ 32%

根据计算可以看到，通过基金组合投资的形式使得投资者的资产整体波动率从 10% ～ 50% 下降至 8% ～ 32%，真正起到了降低风险的作用。

在实际的投资中，投资者还可以调整组合投资中的持仓比例来控制风险，即在股市行情较高时提高指数基金持仓比例，在股市行情较差时降低指数基金持仓比例。

6.2 如何构建一个适合的指数基金组合

构建基金组合的关键在于"适合"。适合一词要求基金组合的投资风险和投资风格要适合投资者，基金组合要在投资者可承受的风险范围内波动，并追求投资收益。

6.2.1 了解自己的风险承受能力

想要搭建适合自己的基金组合，首先就要足够了解自己，包括自己的投资风格和风险承受能力。为了减少主观臆断，使得到的结论更真实可靠，通常我们会通过一些风险承受力测试来进行了解。

风险承受能力测试是一组专业的便于投资者了解自己的测试题，投资者在"做题"后即可获知自己的风险承受能力。这些测试题的范围比较全面，包括投资者的个人情况、家庭情况、收入水平、风险偏好及预期收益等，这样综合判断得到的结果才能更真实。

一般在各大金融平台购买理财产品时都会要求做风险承受能力测试，当然，投资者也可以通过一些网络平台提供的风险承受能力测试题进行检测。下面来看看某投资平台的具体的风险承受能力测试题。

实例分析

通过风险承受能力测试题了解风险承受能力

请投资者认真阅读问卷内容，了解评分规则，并确认所填写内容表达真实。

1. 您目前的个人及家庭财务状况属于以下哪一种：（　）

A. 有较大数额未到期负债（2分）

B. 收入和支出相抵（4分）

C.　有一定积蓄（6 分）

D.　有较为丰厚的积蓄并有一定的投资（8 分）

E.　比较富裕且有相当的投资（10 分）

2. 您个人目前已经或者准备投资的基金金额占您或者家庭所拥有总资产的比重是多少：（备注：总资产包括存款、证券投资、房地产及实业等）（　）

A.　80% ～ 100%（2 分）　　　　　B.　50% ～ 80%（4 分）

C.　20% ～ 50%（6 分）　　　　　D.　10% ～ 20%（8 分）

E.　0% ～ 10%（10 分）

3. 您的年收入是多少：（　）

A.　20 万元以下（2 分）　　　　　B.　20 万元～ 50 万元（4 分）

C.　50 万元～ 150 万元（6 分）　　D.　150 万元～ 500 万元（8 分）

E.　500 万元以上（10 分）

4. 您的投资经验可描述为：（　）

A.　除银行储蓄外，基本没有其他投资经验（2 分）

B.　购买过银行理财产品（4 分）

C.　购买过债券、保险等理财产品（6 分）

D.　参与过股票、基金等产品的交易（8 分）

E.　参与过权证、期货、期权等产品的交易（10 分）

5. 您是否有过基金专户、券商理财计划、信托计划等产品的投资经历，如有投资时间是多长：（　）

A.　没有（2 分）　　　　　　　　B.　有，但是少于 1 年（4 分）

C.　有，1 ～ 3 年（6 分）　　　　D.　有，3 ～ 5 年（8 分）

E.　有，长于 5 年（10 分）

6. 您计划中的投资期限是多长：（ ）

A. 少于1年（2分）　　　B. 1～2年（4分）

C. 2～3年（4分）　　　D. 3～5年（6分）

E. 5年以上（10分）

7. 您投资基金专户、券商理财计划、信托计划等产品主要是出于什么目的：（ ）

A. 平时生活保障，赚点儿补贴家用（2分）　　B. 养老（4分）

C. 子女教育（6分）　　　　　　　　　　　D. 资产增值（8分）

E. 家庭富裕（10分）

8. 以下哪项描述最符合您的投资态度：（ ）

A. 厌恶风险，不希望本金损失，希望获得稳定回报（2分）

B. 保守投资，不希望本金损失，愿意承担一定幅度的收益波动（4分）

C. 寻求一定的资金收益和成长性，在深思熟虑后愿意承担一定的风险（6分）

D. 寻求资金的较高收益和成长性，愿意为此承担有限本金损失（8分）

E. 希望赚取高回报，愿意为此承担较大本金损失（10分）

9. 以下几种投资模式，您更偏好哪种模式：（ ）

A. 收益只有5%，但不亏损（2分）

B. 收益15%，但可能亏损5%（4分）

C. 收益30%，但可能亏损15%（6分）

D. 收益50%，但可能亏损30%（8分）

E. 收益100%，但可能亏损60%（10分）

10. 您认为自己能承受的最大投资损失是多少：（ ）

A. 10%以内（2分）　　　　B. 10%～20%（4分）

C.　20% ～ 30%（6 分）　　　　　　D.　30% ～ 50%（8 分）

E.　超过 50%（10 分）

在上述十道题中每题有五个备选答案，得分依次为 2、4、6、8、10，根据选择的答案，计算自己的得分情况，测试结果如表 6-1 所示。

表 6-1　测试结果

得　　分	风险类型	说　　明
20 ～ 36 分	保守型	希望本金安全，能接受较小的价格波动；愿意尝试得到大于定期存款的回报，且能够承受较小的投资风险
37 ～ 52 分	稳健型	能接受一定程度的价格波动；具有一定的风险承受能力；偏好投资兼具成长性及收益性的产品
53 ～ 68 分	平衡型	能接受一定程度的价格波动；具有一定的风险承受能力
69 ～ 84 分	成长型	资产市值波动比较大，可能会低于原始投资本金；能承受较大程度的投资风险；偏好投资兼具成长性及收益性的产品
85 ～ 100 分	进取型	能承担全部收益包括本金可能损失的风险；偏好投资高成长性的产品及投机性产品，希望资产能够取得较快的增长

通过上述风险承受能力的测试，投资者能够快速了解到自己的投资风险类型及风险承受能力，那么，在之后的基金组合搭建过程中就可以根据自己的风险承受能力情况来据实搭建，这样搭建出来的基金组合也更适合投资者真正的投资需求。

6.2.2　设定一个清晰的投资目标

投资目标是指投资者希望通过基金投资达到的一个结果，它能对我们的基金组合搭建、投资及调整起到引导的作用。有一个清晰明确的投资目标是投资者积极投资的动力。

不同的投资者投资目标是不同的，而投资目标决定了基金组合中的基金品种、资产比例及投资期限等。例如，保守型的投资者，如果投资目标只是单纯对闲余资金进行管理，期望在保障本金的同时资产有所增长，则应重仓投入风险小的，偏稳健的基金；激进型的投资者，如果是以追求高收益回报为目标，则应重仓投入收益高风险也可能很高的基金。

制订投资目标可以借助 SMART 原则，该原则由五个具体要求的首字母组成，这五个要求内容如下：

S（Specific）具体的，要求投资者制订的目标是具体的，包括目标内容和结果，这样才会对投资起到引导作用。

M（Measurable）可衡量的，要求目标要量化，可衡量。

A（Attainable）可达到的，要求目标是可以实现的，应避免过高或过低的目标。

R（Realistic）现实的，要求目标具有实际性，指在现实条件下是可行的。

T（Time-based）时效性，要求目标具有时效性，即什么时间完成。

通过这样的方法制订出的投资目标往往更清晰，能使投资者有一个准确的前进方向。

6.2.3 确定基金组合的形式

有了具体的投资目标之后，需要进一步确定基金组合的形式，即搭建的基金组合中应该选择哪些类型或者是哪些风格的基金进行组合配置。基金组合有不同的形式，且各个形式下组合的风险、收益及投资稳定性都各不相同。

不同的投资者有不同的组建方法，这里介绍几种比较经典的基金组合形式，帮助投资者做基金组合参考。

（1）哑铃式基金组合

哑铃式基金组合比较容易理解，也比较简单，就是像哑铃一样只有左右两头。在基金类型选择上要求两种完全不同风险收益特征的基金进行组合，使组合中的基金能够形成优势互补，例如"股票型基金 + 债券型基金""大盘基金 + 中小盘基金"及"价值型基金 + 成长型基金"等。图6-1所示为哑铃式基金组合。

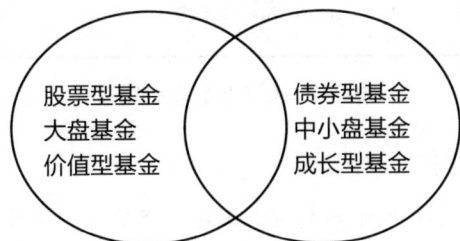

图 6-1　哑铃式基金组合

哑铃式基金组合是一种简单有效的基金组合形式，将两种风格差异较大的基金类型进行组合，能够巧妙地规避市场中的一些波动带来的损失，也是许多投资者比较倾向的一种基金组合形式。

（2）金字塔式基金组合

金字塔式基金组合的搭建就像金字塔一样，首先需要搭建金字塔的"底端"，为了使金字塔底部能够更扎实，组合可以更稳健，通常底部会配置稳健型的债券型基金、货币型基金或者是相对灵活的混合型基金，资产配置比例一般在 50% 左右。

然后搭建金字塔的"腰部"，腰部的目的在于能够充分分享市场收益，所以，通常配置一些风险适中的指数基金，资产配置比例一般在 35% 左右。

最后剩余部分的资金，通常拿来做一些高风险的投资，以便博取高收益，提高基金组合的收益能力，例如中小盘基金及成长型基金。

图 6-2 所示为金字塔式基金组合的示意。

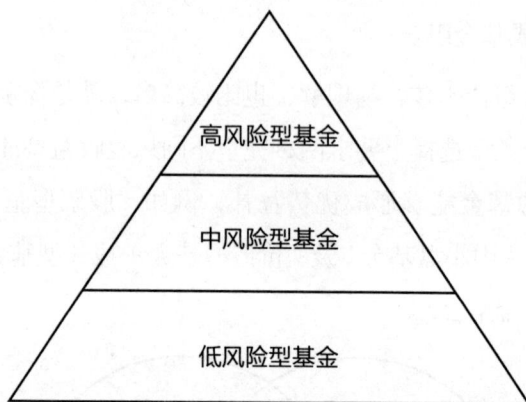

图 6-2　金字塔式基金组合

金字塔式基金组合看起来似乎比较复杂，其实不然，实践中很多投资者在构建基金组合时可能都会无意中运用金字塔式基金组合的模式。

简单地说，金字塔式基金组合就是将资产中的大部分资金配置于低风险产品保证本金的安全，剩余资产中的大部分配置中风险产品追求市场的平均收益，最后小部分资金配置高风险产品，追求高收益，即便亏损了，也不会影响整个组合的稳定性。

金字塔式基金组合是一种比较稳健的基金组合形式，比较适合稳健型的投资者。

（3）核心卫星式基金组合

核心卫星式基金组合是一种比较灵活的基金组合方式，也是当前市场上主流的一种组合形式。虽然听起来似乎难以理解，但实际上比较简单，它就是将资金分为两个部分：大部分的资产放在核心中，小部分的资产放在卫星中。

为了使组合更稳定，核心部分通常选择中长期业绩突出且表现稳健的基金，能够对整个组合的收益和安全起到一定的保障作用。至于卫星部分，则以中高风险或短期业绩突出的基金为主，目的在于为组合博取更高的投资回报。在核心卫星式基金组合中，核心只有一个，但卫星却可以有多个，图 6-3 所示为核心卫星式基金组合。

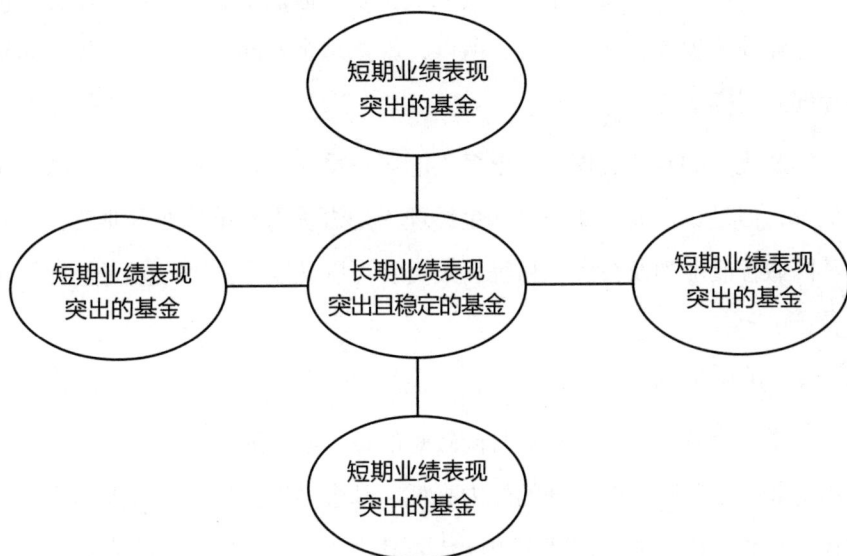

图 6-3　核心卫星式基金组合

这种核心卫星式基金组合既实现了基金组合的稳定、安全及收益之间的平衡，同时灵活的配置方式也便于投资者调整。

投资者在实际的基金组合搭建中可以借鉴以上三种比较经典的、实用的组合方式来搭配自己的基金组合，尤其是对一些缺乏投资经验的新手投资者，多借鉴这些经典的基金组合形式更不容易出错。

6.2.4　选择目标基金并配置比例

投资者确定了与自己投资偏好相符的基金组合形式之后，就可以挑选具体的目标基金了。在前面的内容中我们介绍了指数基金的挑选方法，但在基金组合中所涉及的基金不仅有指数基金，可能还有债券基金、货币基金及其他股票型基金，所以，投资者还要了解多种基金的选择技巧，具体如下：

（1）挑选一个优秀的基金经理人

基金经理对于主动型基金来说至关重要，他是基金投资的操作者，也是基金业绩表现的直接关系人，所以，筛选基金的同时选择一名优秀的基金经理人同样重要。

提及优秀的基金经理人，很多人的第一反应就是查看其管理的基金业绩情况，但是真正要判断一名基金经理人是否优秀不单单要看业绩，还要看其回撤控制能力及投资风格等。投资者可以从以下几个方面来进行具体查看：

◆ 从业的时间

如果一个基金经理的从业时间较短的话，我们通常无法从其管理基金的历史业绩来判断基金经理的能力高低。基金经理的能力一般需要看他分别在牛市和熊市中的表现情况才能代表其水平。而一轮完整的牛熊行情通常需要 5 ～ 7 年的时间，所以，我们选择基金经理时可以选择从业时间更长的基金经理，以 5 ～ 10 年为好。

◆ 基金的历史业绩

基金的历史业绩是基金经理的成绩单，虽然说历史业绩并不能代表未来的业绩，但是可以做一个参考。在查看历史业绩时，除了要查看该基金的盈利和亏损情况外，还要将其做横向比较，查看基金在同类型基金中的排名情况。

◆ 基金经理的投资风格和选股能力

基金经理的投资风格决定了投资策略，而选股能力的强弱决定了基金业绩表现的高低。基金经理的投资风格可以通过基金招募书来了解，是属于激进型的投资风格，还是稳健型的投资风格。注意，投资者在选择基金经理时应选择其投资风格与自己风格一致的基金经理，这样才能与基金经理一同成长。

◆　管理基金的数量

基金经理管理基金的数量要适中，并不是管理的基金越多，基金经理就越厉害。我们要知道，一个人的精力是有限的，如果管理的基金数量过多，反而可能会力不从心，出现管理不当的情况。

一般来说，如果是被动型基金，对基金经理的依赖性不强，那么一位基金经理可以管理十多只基金。但如果是主动型基金，则对基金经理的依赖性较强，且对基金经理的要求比较高，所以数量不能过多，建议最好不超过五只。

（2）看基金的中长期表现

基金组合投资基本为长期投资，短则 1 ～ 2 年，长则 3 年以上，这就要求投资者在选择基金时要选择中长期表现优秀、业绩稳定的基金。所以在查看基金时，首先应该看看该基金 5 年、3 年、1 年的业绩表现，然后看短期表现。以中长期投资来说，基金中长期的表现比短期更重要，只要中长期表现稳定，短期内的波动可以忽略。

（3）根据基金特性选择

基金组合往往是各种基金的集合，而不同的基金具备不同的特性，所以筛选时要考虑其特性，具体如下：

◆　货币基金

货币基金具有高安全性、高流动性和收益稳定的特点，在筛选时需要注意以下几点：

①在收益率方面，选择每万份收益、7 日年化收益高的基金。

②选择流动性强的，货币基金流动性普遍较强，但其中有 T+0、

T+1、T+2 之分，投资者应尽量选择 T+0 的货币基金。

③选择成立时间长的，最好是三年以上的。

④基金的规模越大越好。

◆ 债券基金

债券基金最大的特点在于安全性强、风险较低、收益稳定。在筛选时从以下几点入手：

①收益率应越高越好。

②基金规模越大越好。

③基金申赎费率越低越好。

◆ 混合基金

混合基金指股票、债券、货币等灵活配置的基金，筛选标准如下：

①查看业绩，选择业绩稳定、表现较佳的基金。

②查看基金的资产配置比例，选择风格对应、风险适中的基金。

③选择选股择时能力突出的优秀基金。

④选择基金申赎费率低的基金。

◆ 股票基金

股票基金指投资于股票市场的基金，属于高风险型的基金，筛选标准如下：

①根据业绩表现情况，优选业绩表现突出的基金。

②查看基金经理的选股择时能力，选择选股择时能力优秀的基金经理管理的基金。

③选择基金申赎费率低的基金。

④查看基金持仓情况，分析重仓股。

根据上述筛选方法选择好基金之后，投资者还要做好相关的比例配置。一般来说，基金组合中的基金根据其收益特点和风险高低进行划分，可以将其分为固定收益类、稳健抗跌类和高成长类，资产比例配置也将在这三类基金中进行。

根据投资者不同的风险偏好和投资理财目标，具体的配置比例也会不同。这里根据一些常见的投资者风格类型做了配置建议，投资者可以将其作为参考，如表 6-2 所示。

表 6-2 不同投资风格的基金组合配置

风险类型	投资风格	配置比例
保守型	不希望本金受损，要求资金能够有较高的流动性，可以接受较低的收益	80% 固定收益类基金 +20% 稳健抗跌类基金
稳健型	以稳健且安全的投资为主，且希望在保障本金安全的基础上还能获得一些增值收益	60% 固定收益类基金 +30% 稳健抗跌类基金 +10% 高成长类基金
平衡型	能接受一定程度的价格波动，具有一定的风险承受能力，愿意承担一定的风险来获得收益	50% 固定收益类基金 +30% 稳健抗跌类基金 +20% 高成长类基金
成长型	资产市值波动比较大，可能会低于原始投资本金，能承受较大程度的投资风险；偏好投资兼具成长性及收益性的产品	40% 固定收益类基金 +30% 稳健抗跌类基金 +30% 高成长类基金
进取型	能承担全部收益包括本金可能损失的风险，偏好投资高成长性的产品及投机性产品，希望资产能够取得较快的增长	30% 固定收益类基金 +30% 稳健抗跌类基金 +40% 高成长类基金

需要注意的是，表格中介绍的只是一种配置比例建议，并非固定比例模板，在实际的投资中，投资者可以根据自己的实际需求和投资目标来进行调整修改。

6.2.5　基金组合并非一劳永逸，要注意调整

基金组合构建完成之后，并不意味着真正的结束，我们还需要在适当的时候对其进行调整，使其保持平衡。

基金组合中包含多种基金类型，而不同类型的基金中包含股票、债券、货币及商品等资产，随着市场的不断变化，各项资产的实际占比可能会发生变化，甚至逐渐远离我们设立的初衷，所以，需要根据市场变化来对组合做调整，使资产再平衡。简单来说，就是在特定的条件下，让这些资产占比回归到最初设定的配置比例中。

下面我们以一个具体的例子来进行说明。

实例分析

投资组合的再平衡

某投资者组建了一个基金组合，由股票型指数基金和债券型基金组成，配置比例为 40% 和 60%。随后指数下跌促使指数基金下跌，破坏了投资者之前设置的平衡，为了使资产回到最初设定的平衡配置中，投资者对其做了再平衡处理。图 6-4 所示为组合再平衡的过程。

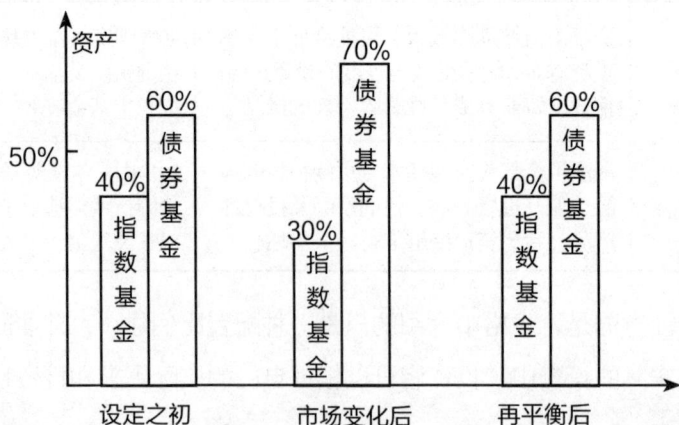

图 6-4　基金组合再平衡

从实例中可以看到，所谓的再平衡其实就是将资产配置的比例恢复到一开始的目标配置。因为市场是永远波动变化的，所以，基金组合几乎不会与初始设定的比例一致，那么我们应该怎么来做再平衡调整呢？主要有以下两种方法：

◆　定期再平衡法

定期再平衡指投资者在固定的时间对自己的基金组合做一个再平衡操作，将其调整到最初设定的目标区间。这个再平衡的时间可以以周、月、季度、半年或年为单位，具体以投资者的投资策略来确定。

需要注意的是，如果调整的次数过于频繁会产生较高的交易手续费用，进而增加投资成本；如果调整的次数过少又会使基金组合偏离最初的目标过大，起不到平衡资产的作用。一般来说，以每季度或每半年的时间频率对组合进行一次调整比较好。

定期再平衡是从时间的角度来对基金组合进行调整，在这种方法下不会理会基金组合中各个基金的涨跌变化情况，等到固定调整时间时再进行调整处理。

◆　偏离程度再平衡

偏离程度再平衡是指当基金组合中的资产比例偏离目标配置达到一定程度后再平衡，将组合中的资产配置恢复到最初的目标比例。资产偏离的程度可以是 5%、10%、15% 或者 20% 等。例如，组合中某基金的资产配置比例设定为 10%，偏离程度为 5%，经过一段时间后，该基金所占比例达到 15% 以上，或者低于 5% 时，就要对其进行再平衡处理。

该方法中的偏离程度设置，与市场的行情变化及投资者的风险承受能力等相关，不同的投资者设置的偏离程度不同。

上述两种再平衡方法在实际的投资中运用得都比较广泛，投资者可以从中选择适合自己的再平衡方法。但其实投资者还可以将两者相结合，综合使用，这样可以使基金组合调整的效果更好，更能起到降低投资组合风险的目的。但是，投资者也要避免在不该再平衡的地方去操作，既浪费精力，影响组合发展，也容易引发过度交易。

6.3　构建指数基金投资组合

基金组合通常由低风险货币基金、中风险债券基金及高风险股票基金组成。其中，高风险的股票基金是投资者赚取高收益的主要手段。

对于投资者来说，市场行情变化较快，想要通过单一产品来把握市场每一次的风格转换比较困难，尤其是对新手投资者来说，这几乎是不可能的事情。此时，我们可以将目光聚焦到某一行业、某一主题或是某一板块，利用指数基金来赚取市场的平均收益，投资获胜的概率更大。

因此，我们可以组建以指数基金为主的基金投资组合。

6.3.1　大盘＋中小盘组合

股市变化非常大，有投资经历的投资者都知道在 A 股市场中经常大盘、小盘轮动，投资者想要准确抓住这些变化非常困难，但是如果搭建大盘＋中小盘的基金组合，就能更简单地抓住市场行情变化。

鉴于此，搭建沪深 300+ 中证 500 的指数基金组合更不容易出错，是更符合新手投资者的组合。

沪深 300 指数由上海和深圳证券市场中市值大、流动性好的 300 只股票组成，综合反映中国 A 股市场上市股票价格的整体表现，所以，沪深 300 代表了大盘蓝筹股。

中证 500 指数由全部 A 股中剔除沪深 300 指数成分股及总市值排名前 300 名的股票后，总市值排名靠前的 500 只股票组成，综合反映中国 A 股市场中一批中小市值公司的股票价格表现，所以，中证 500 代表了中小盘成长股。

所以说，沪深 300+ 中证 500 的组合从投资风格来看，它是大盘和中小盘的基金组合，即便 A 股市场风格转变迅速，大小盘轮动，也能很好地避免这种风险。

其次，沪深 300+ 中证 500 这个组合中 800 只股票占据了 A 股市场的大部分市值，可以说投资了沪深 300+ 中证 500 这个组合就抓住了 A 股市场上绝大多数的市值。更重要的是，沪深 300+ 中证 500 组合中的这 800 只个股的总利润占 A 股全部上市公司总利润的比例较大，换句话说，这 800 家大企业赚取了绝大部分利润。

所以，沪深 300 指数基金和中证 500 指数基金几乎覆盖 A 股两市所有板块的优质股票，无论市场怎么轮动，投资者都能受益，下面以一个实例进行讲解。

实例分析

沪深 300+ 中证 500 组合分析

选取华泰柏瑞沪深 300 ETF（510300）与广发中证 500 ETF（510510）两只基金，通过计算分析两只基金单笔投资与组合投资存在的差异。

将同一笔资金分别以单次投资、定投及组合投资的方式投入两只基金中，如果投资时间为 2018 年 7 月 2 日至 2021 年 7 月 2 日，则分别计算不同投资方式下的投资收益。

第一种方式：两只基金一次性投资

两只基金分别在 2018 年 7 月 2 日一次性投资 72 000.00 元本金，持有到 2021 年 7 月 2 日赎回，两只基金的收益率计算结果如图 6-5 所示。

图6-5　一次性投资收益率计算

从上图可以看到，一次性投资华泰柏瑞沪深 300 ETF 的收益率为 52%，广发中证 500 ETF 的收益率为 34.86%，华泰柏瑞沪深 300 ETF 收益率明显高于广发中证 500 ETF。

第二种投资方式：定投

两只基金分别定投，每月定投 2 000.00 元，每年 24 000.00 元，三年 72 000.00 元。2018 年 7 月 2 日开始定投，2021 年 7 月 2 日结束并赎回，收益计算结果如图 6-6 所示。

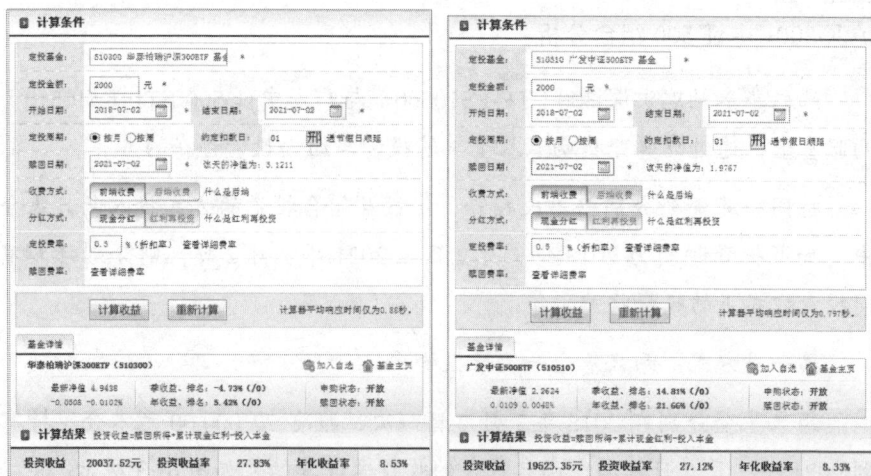

图6-6　定投计算结果

从上图可以看到，以定投的方式投资，两只基金的收益率相差不大，其中华泰柏瑞沪深 300 ETF 略高于广发中证 500 ETF。

第三种投资方式：组合投资

我们以组合投资的方式，分别以一次性投资和定投的方法来计算组合投资的收益率。

①组合一次性投资

2018 年 7 月 2 日，将 72 000.00 元分别投资于华泰柏瑞沪深 300 ETF 和广发中证 500 ETF 两只基金，持有到 2021 年 7 月 2 日赎回，组合收益计算如图 6-7 所示。

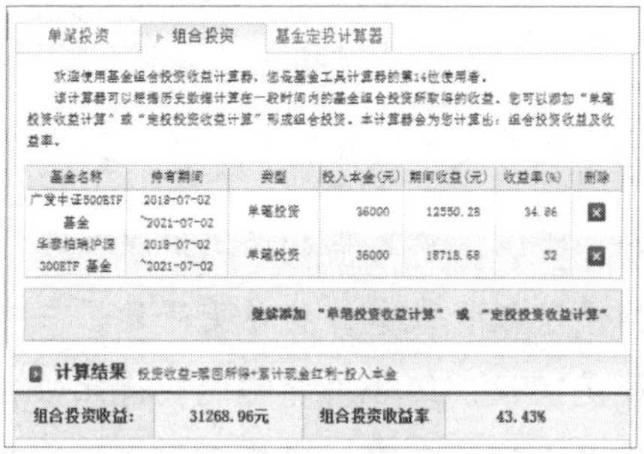
单笔投资　组合投资　基金定投计算器

欢迎使用基金组合投资收益计算器，您是基金工具计算器的第14位使用者。

该计算器可以根据历史数据计算在一段时间内的基金组合投资所取得的收益。您可以添加“单笔投资收益计算”或“定投投资收益计算”形成组合投资。本计算器会为您计算出：组合投资收益及收益率。

基金名称	持有期间	类型	投入本金(元)	期间收益(元)	收益率(%)	删除
广发中证500ETF基金	2018-07-02~2021-07-02	单笔投资	36000	12550.28	34.86	
华泰柏瑞沪深300ETF 基金	2018-07-02~2021-07-02	单笔投资	36000	18718.68	52	

继续添加“单笔投资收益计算”或“定投投资收益计算”

计算结果　投资收益=赎回所得+累计现金红利-投入本金

组合投资收益:	31268.96元	组合投资收益率	43.43%

图 6-7　组合一次性投资收益

②组合定投

从 2018 年 7 月 2 日起分别定投华泰柏瑞沪深 300 ETF 和广发中证 500 ETF 两只基金，每只基金每月定投 1 000.00 元，2021 年 7 月 2 日结束定投并赎回，计算组合定投的收益如图 6-8 所示。

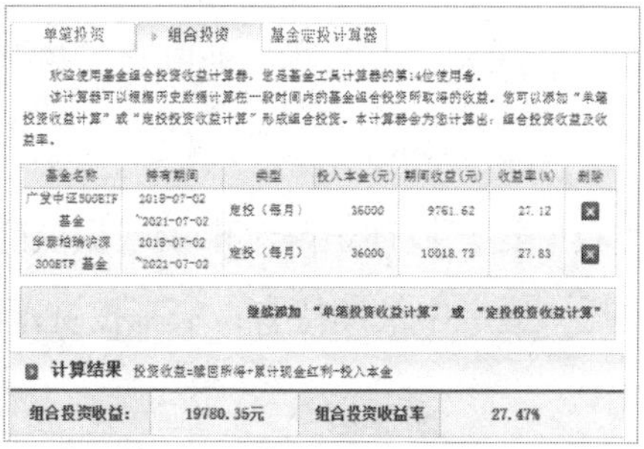
单笔投资　组合投资　基金定投计算器

欢迎使用基金组合投资收益计算器，您是基金工具计算器的第14位使用者。

该计算器可以根据历史数据计算在一段时间内的基金组合投资所取得的收益。您可以添加“单笔投资收益计算”或“定投投资收益计算”形成组合投资。本计算器会为您计算出：组合投资收益及收益率。

基金名称	持有期间	类型	投入本金(元)	期间收益(元)	收益率(%)	删除
广发中证500ETF基金	2018-07-02~2021-07-02	定投（每月）	36000	9761.62	27.12	
华泰柏瑞沪深300ETF 基金	2018-07-02~2021-07-02	定投（每月）	36000	10018.73	27.83	

继续添加“单笔投资收益计算”或“定投投资收益计算”

计算结果　投资收益=赎回所得+累计现金红利-投入本金

组合投资收益:	19780.35元	组合投资收益率	27.47%

图 6-8　组合定投收益

根据计算结果绘制如图 6-9 所示的收益率柱状图。

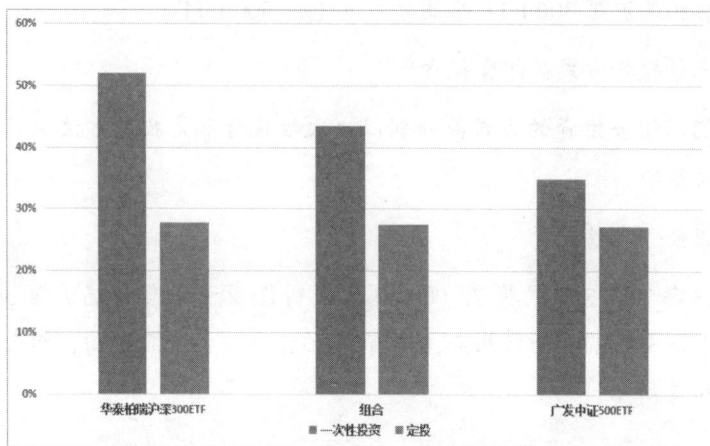

图 6-9　收益率柱状图

通过上述的数据可以发现，在 2018 年 7 月至 2021 年 7 月区间内，沪深 300 指数走势更好，所以，单笔华泰柏瑞沪深 300 ETF 的收益更高。而在定投的方式下，摊平了投资成本，收益更平均，三者相差不大。但无论是单笔一次性投资还是定投，组合投资都能获得比较稳定的收益。所以，对于一般的普通投资者来说，可以利用基金组合投资两个投资风格不同的指数，不需要费心预测大盘指数更好，还是小盘指数更佳，就能够获得较好的投资收益，使投资更轻松，收益也更平稳，这便是组合投资的魅力。

6.3.2　宽基 + 窄基组合

宽基即投资范围比较宽的基金，例如上面介绍的沪深 300、中证 500；窄基即投资范围比较窄的基金，一般指行业基金，例如医药、计算机、军工等。

宽基投资范围比较广泛，目标是整个市场或板块的平均收益，所以，收益更稳健，风险更低，适合中长期持有；窄基投资范围比较窄，受政策、市场及经济等因素影响较大，收益涨跌波动大，更适合不定期、不定向投资。

两者组合，通过宽基起到稳定组合、保障收益的目的，即便窄基投资失败，损失也不会过于严重，而窄基的目的在于博取更高收益的可能。这样的指数基金组合更适合对政策热点、经济要闻、时事新闻及个股 / 行业基本面比较有研究的投资者，能够通过对这些信息的捕捉，准确地投资窄基指数基金。

在选择窄基时，不建议配置过多的行业或主题过多的窄基，三只以内比较好，如果窄基数量过多，布局过于分散，在每一种行业或主题上能获取的收益也会被摊低。此外，在选择行业或主题指数时，应该尽量选择估值低、盈利能力好、符合市场风格及自己比较熟悉的行业或主题，这样投资获胜的概率能更大，下面以一个实例进行讲解。

实例分析

沪深 300+ 全指医药组合分析

易方达沪深 300ETF 联接 A（110020）是以沪深 300 指数为跟踪标的的宽基指数基金，而广发中证全指医药卫生 ETF（159938）是以全指医药为跟踪标的的医药行业窄基指数基金。我们通过这两只基金来看看宽基 + 窄基的组合优势。

沪深 300 指数是大盘蓝筹，也是吸收市场平均收益较好的一个指数，所以，很多投资者选择基金时都会优选沪深 300 指数基金。如果将 24 000.00 元的本金以一次性投资和每月定投的方式投入易方达沪深 300 ETF 联接 A 基金，计算两种投资的收益如下：

一次性投资：在 2019 年 1 月 7 日一次性投入 24 000.00 元，持有到 2021 年 1 月 7 日赎回，计算收益结果如图 6-10（左）所示。

定投：在 2019 年 1 月 7 日起每月定投 1 000.00 元，截至 2021 年 1 月 7 日赎回，定投收益计算如图 6-10（右）所示。

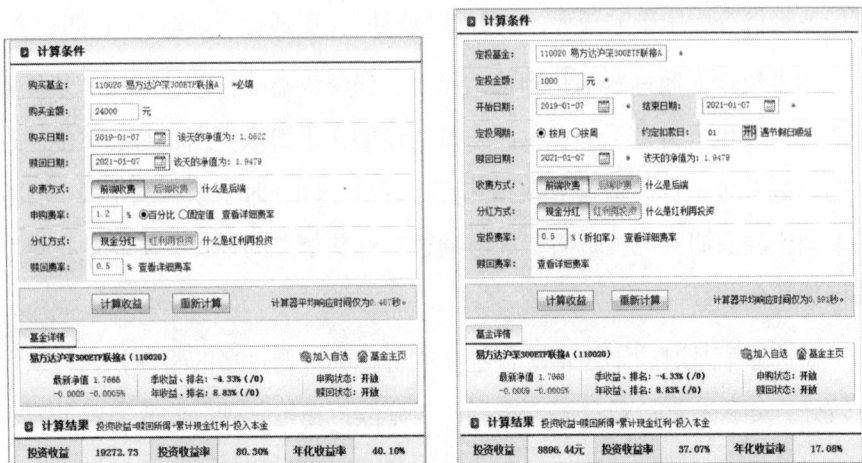

图 6-10　易方达沪深 300 ETF 联接 A 投资收益

如果在这一阶段中加入广发中证全指医药卫生 ETF 基金做组合投资，那么，一次性投资与定投的组合收益计算如图 6-11 和图 6-12 所示。

图 6-11　一次性组合投资收益

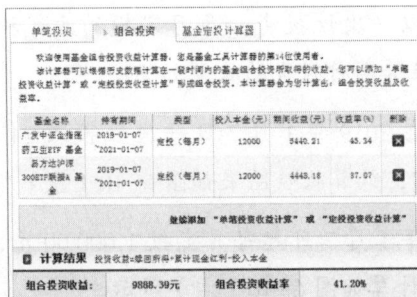

图 6-12　组合定投收益

根据上述结果绘制如图 6-13 所示的收益率柱状图。

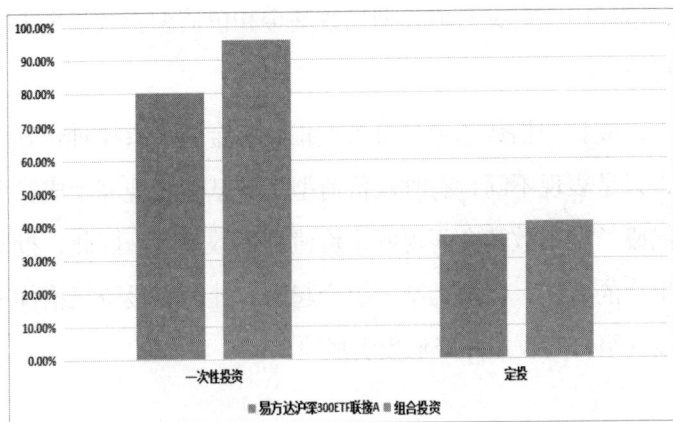

图 6-13　收益率柱状图

通过上图可以看到，同样的资金投入，组合投资不管是一次性投资还是定投，收益率都明显高于单只沪深 300 指数基金投资。这是因为在这一阶段中医药指数上涨幅度较大，对应的医药指数基金上涨也比较大，所以，组合配置的形式争取到了更多的获益空间。

但是，窄基上涨受到政策、时事、经济等的影响较大，需要投资者自身具备一定的投资经验，否则单纯地押注某一类或多类窄基不仅不会增加收益，还会降低组合投资的效益。

6.3.3　成长 + 价值组合

股市中的投资者常常会听到"成长股""价值股"的说法，从概念上来理解，成长股是指处于飞速发展阶段的公司所发行的股票，即虽然目前不见得能在短期内获得高额股利或其他优惠条件，但是未来前景比较看好的股票；而价值股则是指相较于它们当前的业绩收益，股票价值被低估，预计后期股票价格会返回至合理水平的一类股票。

基于成长股和价值股的概念，几个指数公司也顺势推出了成长指数和价值指数，相应的，基金市场中也有了成长型指数基金和价值型指数基金。很久以来，市场中就有针对成长型指数基金和价值型指数基金中哪一种风格更好的讨论。

实际上，成长型指数基金与价值型指数基金并没有哪种较好、哪种较弱的说法，只是表现不同，有时候价值型指数基金表现高于成长型指数基金，有时候成长型指数基金表现好于价值型指数基金。因此，投资者可以通过基金组合的方式，将两类基金组合起来，让两种投资风格优势互补，从而提高投资组合的收益并降低投资风险。

6.3.4 国内 + 国外的组合

A 股市场波动变化大，投资风险大，所以，投资者除了要学会利用国内不同指数的特性进行指数基金组合之外，还要将投资的目光放宽广一点，即海外市场。投资者在配置了 A 股指数之后，还可以通过 QDII 基金来搭配一些海外指数，平衡投资市场的风险，提高组合收益。

QDII 基金是指在一国境内设立，经该国有关部门批准从事境外证券市场的股票、债券等有价证券业务的证券投资基金。QDII 基金是在货币没有实现完全可自由兑换、资本项目尚未开放的情况下，有限度地允许境内投资者投资境外证券市场的一项过渡性的制度安排。

因此，投资者可以借助 QDII 基金来组合配置一些海外指数，例如长信标普 100 等权重指数（519981）、大成标普 500 等权重指数（096001）及易方达标普生物科技人民币 A（161127）等。

想要投资国外指数基金，就需要对国外的一些常见指数有一个基本的了解，才能在投资时清楚自己投的到底是什么基金，投资对象是什么，表 6-3 所示为国外常见的指数介绍。

表 6-3　国外常见指数

指数名称	说　明
富时中国 A50 指数	富时中国 A50 指数是由全球四大指数公司之一的富时指数有限公司（现名为富时罗素指数）为满足中国国内投资者及合格境外机构投资者需求所推出的实时可交易指数
道琼斯工业平均指数	道琼斯工业平均指数是根据美国股票市场上 30 只可靠而且重要的蓝筹股的加权平均数计算出来的，这 30 只股票来自不同的领域
标普 500 指数	标普 500 指数全称标准普尔 500 指数，它是由标准普尔公司编制并发布的一个指数，它基本囊括了美国市场上市值最大、流动性最好的 500 家公司，即代表了美国市场最主流的经济
纳斯达克 100 指数	纳斯达克 100 指数作为纳斯达克的主要指数，其 100 只成分股都具有高科技、高成长和非金融的特点，可以说是美国科技股的代表
罗素 2000 指数	罗素 2000 指数是代表市场上的中、小型股的市值指标，在市场上总市值只有 8 100.00 亿美元，不及标普 500 的十分之一
越南 VN30 指数	越南 VN30 指数是越南市场上最大的 30 家上市公司，相当于越南最好的 30 只蓝筹股
英国富时 100 指数	英国富时 100 指数涵盖了在英国伦敦证券交易所交易的上市且市值排名前 100 的股票
法国 CAC40 指数	法国最重要的是 CAC40 指数。法国 CAC40 指数是根据法国前 40 家上市公司的股价编制而成
德国 DAX30 指数	德国 DAX 指数是德国重要的股票指数，是由德意志交易所集团推出的一个蓝筹股指数，德国 DAX30 与美国标准普尔 500、法国 CAC40 股指及英国伦敦金融时报 100 股价指数一样，是以市值加权的股价平均指数
欧洲斯托克 50 指数	欧洲斯托克 50 指数是由欧盟成员国法国、德国等 12 国资本市场上市的 50 只超级蓝筹股组成的市值加权平均指数。欧洲斯托克 50 指数的加权方式是以其 50 只成分股的浮动市值来计算，同时规定任意一只成分股在指数中的权重上限为 10%

续表

指数名称	说　明
日经 225 指数	日经 225 指数是基于在东京证券交易所（TSE）上市的 225 家公司市值的日本股市指数
俄罗斯 RTS 指数	俄罗斯两大指数是 RTS 指数和莫斯科指数，这两个是许多俄罗斯、东欧和新兴欧洲基金的重要指标，收集莫斯科交易所的 50 大上市公司股票，并于每三个月重新审核指数成分股
韩国综合股价指数	韩国综合股价指数是韩国交易所的股票指数。韩国综合股价指数由所有在交易所内交易的股票价格来计算，并以 1980 年 1 月 4 日作为指数的基准起始日，当日股市的开市价作为 100 点的基准。计算单位为韩元，最高与最低是以交易中出现的极值为准。韩国综合股价指数拥有超过 780 只成分股

注意，在以国外指数为跟踪标的选择指数基金时，投资者应尽量选择自己比较熟悉的海外市场，这样才能真正地起到组合分散投资风险的目的，要知道并非所有的国外指数基金都能起到分散风险的作用。

6.3.5　看看别人的指数基金组合

对于确实不知道怎么组建指数基金组合，也没有投资经验的投资者来说，还可以看看别人的指数基金组合，或者是直接跟投别人的指数基金组合，这样既能实现分散投资风险，提高收益的目的，也能使指数基金组合投资更简单。

市面上的一些基金销售金融平台中经常会推出一些指数基金组合，这些基金组合通常是由投资经验丰富的专业投资者搭建而成的。投资者可以多了解查看这些组合的内容，如果认同了组建者的投资策略，对该指数基金组合比较认可，则可以跟投，例如蛋卷基金网，下面以一个实例进行介绍。

实例分析

蛋卷基金网查看指数基金组合

打开蛋卷基金网官网（https://danjuanapp.com/）注册并登录，进入首页，向下滑动页面在"人气组合"版块中单击"银行螺丝钉指数基金组合"超链接，如图 6-14 所示。

图 6-14　单击"银行螺丝钉指数基金组合"超链接

进入指数基金组合详情页面，在该页面中可以看到关于指数基金组合的详细介绍，包括组合介绍、收益走势、买入基金详情及持仓分布等，图 6-15 所示为买入基金详情，图 6-16 所示为收益走势。

买入基金	金额	配比 ⓘ
华夏上证50AH优选指数（LOF）A 501050	2,110.36	23.68%
天弘恒生科技指数A 012348	869.81	9.76%
交银中证海外中国互联网指数 164906	869.81	9.76%
易方达中概互联50ETF联接人民币A 006327	869.81	9.76%
华宝医疗ETF联接A 162412	1,100.63	12.35%
汇添富中证生物科技指数A 501009	1,091.72	12.25%

图 6-15　买入基金详情

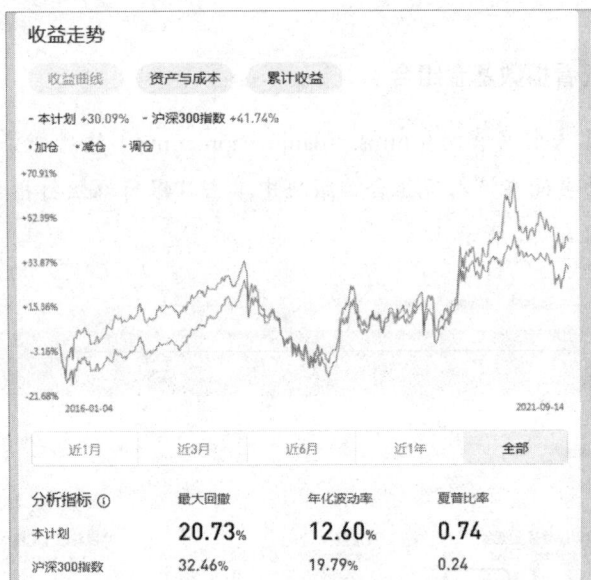

图 6-16　收益走势

在详细了解该指数基金组合之后，如果投资者对该组合感兴趣，想要跟投，可直接在该页面中跟投买进。

需要注意的是，跟投他人的指数基金组合必须对别人的投资策略有一定的了解，并认可他的投资风格才能跟投，如果仅仅只看收益走势就盲目跟投，很容易陷入投资误区。

第7章

提升投资技能让投资更稳健

在实际的指数基金投资过程中也存在一些投资技巧，了解并掌握这些实用技巧非常重要，既可以少走弯路，误入投资陷阱，也能使投资更稳健，进一步提高投资收益。

- ○ 常见的一些投资心理误区要注意规避
- ○ 影响投资心理的因素
- ○ 纾解投资心理压力的技巧
- ○ 目标止盈法
- ○ 分批止盈法
- ○ ······

7.1 良好的投资心理是投资取胜的关键

每一个进入市场的投资者都希望能够赚得盆满钵满，希望通过投资快速实现资产的增值。这种想法并没有错，但要注意过犹不及，投资过程中的一些迫切的错误投资心理反而会让自己束手束脚，甚至是陷入投资误区之中。因此，我们做投资首先要做好心理建设。

7.1.1 常见的一些投资心理误区要注意规避

许多缺乏经验的投资者，尤其是一些新手投资者，在投资过程中很容易陷入一些心理误区，并对投资决策和投资结果带来很大的负面影响，严重时可能会使投资者遭受重大的经济损失。所以，投资者有必要充分认识并尽量规避这些心理误区，才能做到坚持理性投资、正确投资。这里列举了一些比较常见的心理误区，帮助投资者了解规避。

（1）赌博心态

在一些投资者的潜意识中，投资就是一场赌局，不是涨就是跌，各有50%的概率，涨了便赢，跌了便输。这是一种极其错误的投资心理，这样的赌徒心理往往会使得投资者遭受重大的经济损失，严重时甚至倾家荡产。

真正的投资应该是在合理的风险控制范围内争取最大的收益回报，这类投资者往往从基本面和技术面来对市场进行合理的分析，然后对未来的走势进行科学的研判，进而做出投资决策。虽然这样的投资交易方式的收益可能不会像赌博式投资那样丰厚，但是投资更有余地，也更稳定，风险也更低。

对于以赌博心态进行投资的投资者来说，他们更多靠的是运气，而真正的投资者靠的则是多年的投资经验和技术分析，所以，他们在投资中的获胜概率更大。

（2）投机心理

投机心理指利用时机钻空子的一种投资方法，即投资者短期投入一笔资金，上涨后立即卖出，利用时间和空间赚取回报。虽然投资也是通过低买高卖来赚取价差收益，但是投资与投机却存在本质的不同。投机是没有价值思考的投资，只是利用频繁的交易赚取差价，而投资则需要分析内在价值，从价值角度思考其可投资性。

要明白投机虽然能够短期获利，但是股市波动变化难以预测，只有从价值的角度分析，找到真正有潜力的投资对象，坚持长期策略，才是指数基金最好的投资方法。

（3）喜涨厌跌心理

市场的波动变化使价格有涨有跌，但是市场中的一些投资者却难以冷静面对市场中的波动，当价格上涨时他们高兴、欣喜，士气大增，而当价格下跌时他们又深恶痛绝。

这是因为价格上涨能为投资者带来直接的利益，虽然说趋利避害是人的天性，但是在投资中却并不可取。投资者在市场中投资要理性、冷静地对待市场波动，明确涨和跌都是机会。在价格上涨时，投资者可以赚取当前的收益；在价格下跌时，则是投资者低位入场的好机会。

只有具备这样的投资意识，投资者才能冷静地面对市场波动，从而做出正确、合理的操作策略。

（4）沉锚效应

沉锚效应是指人们在对某人某事做出判断时，容易受第一印象或第一信息支配，就像沉入海底的锚一样把人们的思想固定在某处。在基金投资中，经常会出现这样一种现象：投资者入市后，出现了亏损，大部分人在这个时候不会马上赎回自己的基金份额，一旦行情开始回暖，账户由亏损逐渐变为盈利，投资者反倒会倾向赎回。

这就是沉锚效应，投资者对基金后市的发展评估是以初入场时的基金表现为基础，当投资者入场后遇到基金下跌，便对该基金的后市发展不抱有希望，所以，遇到基金回涨投资者回本之后便立即赎回。

这种投资方式很容易使投资产生错误的投资判断，投资者在投资过程中应该专注于价值投资，而不要做仅关注价格的锚，这样才能做到理性、冷静地投资。

（5）羊群效应

羊群效应指的是一些投资者在做投资决定时没有任何自己独立的思考，而是跟随大部分人的决定随波逐流，看着别人买进便跟着买进，看着别人卖出便跟着卖出。这是投资市场中比较常见的一种从众跟风心理，尤其是在缺乏经验的新手投资者中比较常见。

但是这种盲从的投资行为往往会让投资者陷入巨大的投资困境中，遭受重大的经济损失。作为个人投资者，需要做的是努力提高自身的专业知识，学习更多的投资技巧，冷静分析投资策略，掌握更多的市场信息，只有这样才能避免陷入羊群效应。

当然，除了上面介绍的几种常见的投资心理误区之外，在实际的投资中还有其他的一些投资心理误区。而这些误区往往是因为投资者受到心理影响，缺乏理性思考产生的，只要我们在投资中保持更多的科学分析和理智思考，就能够在一定程度上避免陷入这些误区。

7.1.2 影响投资心理的因素

投资中容易形成一些不好的投资心理，那么，这些不好的心理是怎么形成的呢？又受到哪些条件的影响？只有知道了这些影响投资心理的因素之后，我们才能有意识地去规避，进一步建立正确、健康的投资心理。

◆ 贪婪

市场中的投资者都希望投资获利，赚取丰厚的回报，这并没有错，但是，如果投资者对获利回报的期望演变成贪婪时，便离危险近了。贪婪会使人忘记投资风险，压倒投资常识，以一种过分乐观的心态投入实际的投资中，一旦投资失败，必然遭受重大的打击。

◆ 恐惧

投资总是收益与风险同行的，一些投资者对风险的担心形成恐惧，甚至产生过度的忧虑，而使自己的操作变得过于小心翼翼，唯恐出错。殊不知，正是这种恐惧的心理，反而妨碍了投资者的投资行为，甚至错过一些较好的投资机会。适当的谨慎并没有错，还能使投资更稳健，但是如果过分恐惧，则会产生较大的负面影响。

◆ 自负

自负指投资者盲目自信，认为事情必然会向着自己想的方向发展，即使现实已经给出了十分明确的信息，仍然不肯放弃，执着于自己。投资者在投资中具有自信心是好事，但是如果盲目自信到自负的程度则会给投资带来巨大的风险，使自己陷入困境之中。

◆ 嫉妒

嫉妒也是容易形成负面心理的一种因素。在投资中，很多投资者难以接受别人赚钱比自己多，不能接受他人的投资比自己做得好，尤其是一起投资的人中有自己熟悉的投资者，以及新入场的投资小白。

嫉妒这种心理会让人逐渐变得扭曲，产生大量的负面情绪。投资者面对这种情况不应该去嫉妒或试着模仿他人的投资，而是应该找寻适合自己的投资方式。

在日常生活中，保持乐观、积极、自信会使人感到快乐，投资也一样，如果投资者长期被不良的负面情绪影响，必然会使自己陷入一些心理误区之中，进而做出一些错误的投资决策。投资者的投资决策受到自己内在的影响较大，所以，投资者需要调整好自己的心理后再投资，这样更容易做到理智、冷静，也更容易获得成功。

7.1.3　纾解投资心理压力的技巧

投资容易给投资者带来不同程度的心理压力，尤其是市场不断走跌，或是投入资金较多时，都会不断加重投资者的压力，如果投资者不懂得纾解，很可能使自己产生不良情绪，进而做出错误的投资决策。

其实我们要明白，投资压力的本质是资金安全性带来的不安和焦虑，所以，在投资时就要想办法降低投资的风险，保证资金的安全，这样就可以从源头解决投资压力了。

（1）闲钱理财

很多投资者之所以在投资中压力非常大，是因为他们把所有身家全部投入其中，追求只赢不输。但是，市场不断波动变化，风险永远存在，这种投资做法必然是不妥的，压力也非常大，一旦投资失败，则损失惨重，连回本的资金也没有了。所以，投资要坚决使用闲钱，具体原因如下：

①**投资使用闲钱，心态更稳，不会产生过大的压力。**如果投资获胜，赢得回报，自然开心，即便投资失败或短期套牢，也不会对我们的家庭或个人的正常生活造成影响，所以才不至于乱了阵脚。

②**闲钱更能拿得住。**基金是一种适合长期持有的投资产品，投资者如果使用闲钱投资，则不要求资金的流动性，更容易长期持有资金，获胜概率也更大。但如果投资者使用的是家庭日常生活开销的资金，则对资金的流动性有要求，同时还要求投资者要在短期内获利，否则就是无效的失败投资，这必然会加大投资者的压力。

我们要明白，投资的目的在于资产增值，而并非快速暴富，所以，需要 在保证生活不受到投资影响的前提下进行，否则容易得不偿失。

（2）正确止损

止损是指当投资者的投资出现亏损且达到一定数额时，及时斩仓出局，以避免造成更大的亏损。简单来说，就是在亏损还没有扩大到更大之前，在自己能够承受的范围之内及时离场。

正确止损可以减少投资者的损失，降低投资者的心理压力。止损说起来很简单，但往往深陷投资之中的投资者却难以自拔，总是想再等一等，马上就会回升了。因此，投资者必须掌握必要的止损方法，具体如下：

◆　按比例止损

按比例止损即投资者依照自己的投资成本价格事先设置一个能够承受的最大亏损比例，一旦达到该比例时则立即止损。例如，投资者在基金净值 1.00 元位置买进，投入 10 000.00 元，能够承受的损失为 10%，那么当基金净值下跌至 0.90 元时，投资成本亏损至 9 000.00 元时就需要立即止损离场。

◆　保本止损法

保本止损法是以保护本金为目的的止损方法，即投资者入场之后，如果价格上涨，则应立即调整初始止损价格，将止损价格上调到保本位置。注意此时的保本价格应该是将交易手续费用计算在内之后的保本价格。在实际投资中，保本止损法运用得比较多，也更符合实战操作的需要。

◆　动态止损法

动态止损法是比较灵活的一种止损方法，即一旦价格向上运行脱离了保本止损的位置继续向上，投资者应该顺应价格的走势向上调高止损的位置。图 7-1 所示为动态止损示意。

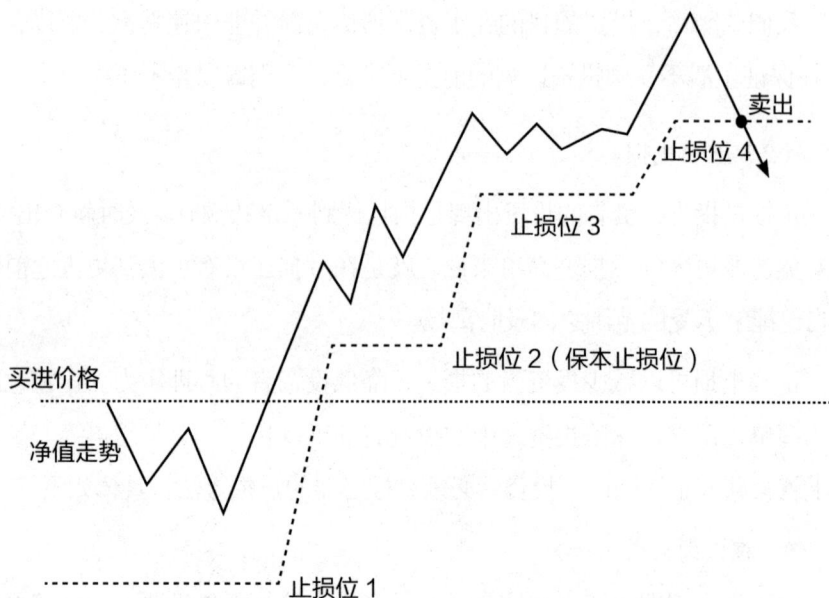

图 7-1　动态止损

从图中可以看到，一共出现了四个止损位，各自有不同的意义，具体如下：

①止损位 1 是初始买进时设置的止损位，是投资者能够接受的最大损失位置。

②止损位 2 是买进后价格上涨，投资者计算的能够保本的、没有经济损失的止损位置。

③止损位 3 为价格上涨后向上调整的止损位，只要价格不继续创新高，就保持止损位置不变。

④止损位 4 为价格继续上涨向上调整的止损位，当价格下跌触及止损位时立即离场。

◆　技术止损

技术止损是一种比较复杂的止损方法，它需要投资者根据市场中净值的走势变化结合技术分析进行分析，在关键的技术位置设置止损，比较灵活，要求投资者掌握一定的技术分析能力。例如，K 线止损、移动均线止损和趋势线止损等。

上面介绍了多种止损方法，但止损最核心的还是在于投资者要具备坚持止损的决心，不要犹豫不决，忽视止损的意义。只有坚持止损，才能让损失最小化，收益最大化。

（3）分散投资

分散投资是将资金做分散处理，是比较有效且直接的降低风险的方法。投资者想要保障本金，避免损失，降低风险，就需要在投资中具备分散投资意识。分散投资不仅是指投资产品分散，还包括投资时间分散、地域分散及类型分散等。

最后，投资者如果想要真正地纾解压力，还需要树立正确的投资心态，不要存有一夜暴富的幻想，要知道我们投资的目的在于改善生活，而非改变生活，如果一味地想要改变生活，很可能反而使生活陷入泥泞困境之中。

7.2　投资要及时止盈落袋为安

我们知道基金投资尤其是指数基金投资，是一项适合以长期持有为投资策略的投资，应该忽略短期波动而以长期持有为主，但是长期持有应持有多长时间比较好呢？应该什么时候结束投资呢？这就涉及止盈，只有真正止盈了才能获得收益，所以，投资者需要掌握一些相关的止盈方法，让收益落袋为安。

7.2.1　目标止盈法

目标止盈法是所有止盈方法中最简单、最直接的止盈方法，即投资者在投资之初根据自己的投资目标设定一个目标收益率，一旦达到目标收益率就卖出止盈。卖出时无论市场的走势是什么情况，投资者都要坚决止盈。

例如，设置的目标收益率为20%，那么，当收益达到20%时，立即卖出清仓。

目标止盈的关键在于目标收益率的设定，不同的投资者其投资目标和投资风格不同，设定的收益率目标也不同。目标收益率还应该结合当前的市场行情来具体设定，如果市场处于牛市之中，那么，可以适当调高目标收益率。如果市场处于熊市之中，那么，收益率的实现可能就需要较长的投资时间才能实现。

目标止盈法的目的在于避免因为投资者的贪婪，而使既得盈利出现大幅减少，甚至是亏损的情况。

但是，目标收益率止盈也存在缺点。首先，如果基金没有达到止盈目标而转入下跌，那么投资者将白白浪费了一波行情。其次，如果市场行情较好，提前达到止盈收益率，投资者可能止盈出局，而浪费了之后的行情。

7.2.2　分批止盈法

分批止盈法是指当价格上涨达到止盈条件后，并不全部卖出，而是卖出部分持仓，随后价格继续上涨，再卖出部分持仓，这样逐次分批卖出，直至全部卖出。

分批止盈是一种非常实用的止盈策略，尤其是在未来市场发展捉摸不定的情况下，分批止盈更稳妥。

下面以一个具体的例子来进行说明。

实例分析

分批止盈卖出招商中证煤炭等权指数 A（161724）

投资者在 2020 年 10 月底投入 10 000.00 元购买招商中证煤炭等权指数 A 基金。该基金 2020 年 10 月至 2021 年 9 月的收益走势如图 7-2 所示。

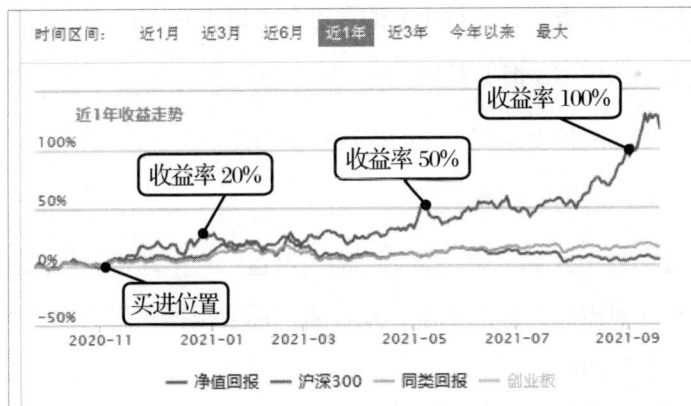

图 7-2　基金收益走势

买进后不久，该基金呈现小幅上涨走势，到 2020 年 12 月下旬，收益率达到 20%，达到投资者设定的目标收益率。从走势来看，基金还处于上涨初期，后市还可能继续上涨，所以，投资者决定采取分批止盈的方法出局。将手中持有的基金份额分为几个部分，并在 20% 收益率位置卖出 40% 的持仓。

随后基金继续上涨，当基金收益涨幅达到 50% 时，收益翻了一番，此时为了锁定大部分的收益，投资者决定再次卖出部分持仓，于是在此位置卖出 40% 的持仓，留下 20% 的基金博取更高收益，即便市场行情发生改变，前期的收益也可以摊低最大回撤，投资者也不会出现较大程度的损失。此时的价位已经比较高了，留少部分持仓更稳妥。

2021 年 9 月，基金收益率达到 100%，收益率再次翻了一番，投资者决定卖出 10% 的持仓，了结获利，落袋为安。余下的 10% 持仓则在基金收益出现明显回撤时再卖出。

上述实例介绍的就是分批止盈法，通过严格控制仓位分批锁定收益的方式，多次卖出持仓。这样操作的优势在于，投资者可以锁定既得收益，不会出现踏空。但是，劣势也比较明显，就是相比一次性离场会损失许多利润，然而在实际投资中，大部分的投资者难以准确找到高位最佳卖出点。

从实例中可以看到，分批止盈的关键在于以下三点：

①收益率达到多少时开始赎回。

②继续上涨的幅度达到多少时再次赎回。

③每次赎回时的比例怎么分配。

投资者在利用分批止盈法离场时需要对这三个问题进行仔细思考和确定。对于这三点没有具体的要求，投资者只需要根据实际的投资需求和市场情况进行设置即可。

7.2.3　最大回撤止盈法

在了解最大回撤止盈法之前，大家需要对最大回撤率的概念有一个了解，它是指在选定的周期范围内任意一个历史时点往后推，基金净值走到最低点时的收益率回撤幅度的最大值。简单来说，就是在所挑选的区域范围内，指数最高点位与之后回落的最低点之间的最大跌幅。

最大回撤止盈法是指基金价格上涨超过止盈位置之后，就应该关注基金净值的回撤情况，一旦回撤达到设定的最大回撤阈值，就应该立即止盈离场，锁定投资收益。

同样地，投资者也可以在该方法的基础上融入分批止盈的操作，比如当最大回撤达到 10% 时卖出 50% 持仓，最大回撤达到 15% 时卖出 30% 持仓，最大回撤达到 20% 时卖出剩余 20% 持仓。这样整体下来收益率更高。其中，卖出的比例可以根据实际投资的需求来进行调整。

下面以一个具体的例子来进行说明。

实例分析

最大回撤法卖出易方达上证 50 增强 A（110003）

投资者在 2020 年 11 月买进易方达上证 50 增强 A 基金，基金收益走势如图 7-3 所示。

图 7-3　基金收益走势

投资者设置的止盈收益率为 20%，最大回撤率为 5%、8% 和 10%。从图中可以看到，投资者在 11 月买进后基金持续稳定上行，2021 年 1 月达到目标止盈收益率位置，并上行到 25% 左右。然后止涨，虽然在止涨波动过程中出现小幅下滑，但并未达到最大回撤，所以不赎回。

2021 年 1 月底，基金调整结束继续上行，收益率上涨至 30% 上方，随后止涨下跌。2 月下旬，基金继续下跌，最大回撤达到 5%，投资者为锁定前期投资收益将手中 50% 的持仓卖出。

随后基金继续下行，最大回撤达到 8% 左右，投资者卖出 30% 的持仓。2021 年 3 月初，最大回撤达到 10%，投资者将手中持有的剩余份额全部赎回。

通过上面的实例可以看到，最大回撤止盈实际上是通过趋势判断找到适合的卖出位置，虽然并不是在行情的顶部卖出，但是通过该方法可以锁定 60% ~ 80% 的收益空间，也避免由于对市场充满幻想而导致收益损失，可以让投资更稳健。

7.2.4　估值止盈策略

在前面的定投买进策略中我们提到过估值法，即当指数处于被低估状况时应该买进，而当指数处于合理状态或高估状态时，就应该以观察为主，不要轻易入场。反过来，投资者已经买进了指数基金，则可以通过指数的估值状态来做止盈分析，当指数的估值状态由低估转入高估状态时，投资者就应该及时卖出持仓止盈。

总的来说，利用估值高低来决定是否止盈需要经过以下三个阶段：

①低估值时买入。

②正常估值时持有。

③高估值时卖出。

但是，高估值时卖出要求的高估值需要高到什么程度呢？相信绝大部分投资者没有概念。估值的算法比较复杂，作为普通的投资者也没有必要花费大量的时间去钻研，即便是精心计算得到的结果也可能是错误的，因此，投资者可以直接参考专业机构给出的标准作为估值高低的判断。

估值止盈策略是一种最符合价值投资原则的止盈方式，它能够有效地规避资产泡沫，降低投资风险，而且操作简单。支付宝中的指数红绿灯实际上就是利用这一原理进行操作的。

需要注意的是，估值结果是依照历史数据经过计算得来的，虽然经过数据回撤表明估值的有效性，但实际市场变幻莫测，许多极端情况都有可能使估值出现失效。

7.2.5　市场情绪止盈策略

市场情绪止盈是一种比较特殊的止盈方法，它无关技术面，也无关基本面，而是对市场中的人进行研究。市场情绪止盈是根据市场中投资者的投资策略来对市场情况进行判断，如果当前市场处于一个极度高涨的情绪之中，投资者就应立即止盈。巴菲特说的"他人恐惧时我贪婪，他人贪婪时我恐惧"，说的就是这一原理。

市场情绪是整体市场中所有投资者投资观点的综合体现，也就是所有市场参与者共同表现出的对当前市场的感觉，他们是市场中主流的投资观点和整体方向。

其实可以这样来理解，市场中大部分投资者都看涨，纷纷投入资金，市场果然上涨，此时市场情绪必然高涨。反之，市场中绝大部分投资者都看涨，但市场却不上涨，这种高涨的看涨情绪与实际价格出现背离，则可能出现见顶。

市场中绝大部分散户投资者的情绪都是被市场情绪左右的，导致追涨杀跌。反向操作往往才能取得胜利，在市场过度高涨时离场，在市场冷却时入场，即人弃我取，人要我给，这样才能买在低位，卖在高位。

市场情绪止盈的关键在于对当前市场的情绪判断，这里我们分享四个反映市场情绪的指标，帮助投资者进行判断。

◆　估值

指数的估值高低也是市场情绪的反应，当市场情绪越发高涨，投资操作越发激进，指数估值就越高，投资者的投资风险也就越大，所以，投资者可以通过指数的估值情况来判断市场情绪。

◆　成交量

成交量可以反映市场情绪，低成交量说明投资者情绪低迷，参与度不高，但当市场情绪高涨时，成交量明显放大。如果一个市场最近的成交量能够达到一年内最大日成交量的 70%，就可以初步判断市场的活跃度比较高。

◆　新基金发行数量

新基金发行数量也能看出市场情绪，如果新基金发行数量较多，且发行日抢购火爆，说明基金发行进入高峰，爆款基金频出，这往往是指数见顶的信号。

以上就是市场中比较常见的一些市场情绪反应指标。虽然市场情绪止盈看起来比较简单，但是因为很多投资者对市场情绪的判断不同，所以，容易出现认知偏差，从而错过最佳的止盈时机。

7.3　指数基金投资的风险控制

很多投资者之所以选择指数基金进行投资，就是看上了它的稳定性，追求市场平均收益的投资原则，使其相比股票投资更稳定，但收益却比大部分基金更高。但是稳定并不意味着零风险，指数基金投资也存在各种各样的市场风险，虽然投资者并不能避免风险的出现，但我们却可以尽量降低风险，使其在可承受的范围之内。下面介绍几个实用的风险控制方法：

7.3.1　标准差指标衡量风险

标准差是一种表示分散程度的统计观念，如今被广泛运用在基金投资的风险衡量上。标准差主要是根据基金净值过去一段时间内波动的情况计算统计而来的，基金的波动越大，那么它的标准差就越大，风险也就越大。所以，对于投资者来说，标准差越小表示越平稳，对投资也就越有利。

　　在实际的投资中，很多的投资者更关注基金业绩，尤其是近期业绩，但是，除了业绩之外，基金保持一定的稳定性同样重要，下面以一个实例进行分析。

实例分析

基金的标准差分析对比

　　两只指数基金 A 和 B，A 基金两年期收益率为 25%，标准差为 15%；B 基金两年期收益率为 20%，标准差为 10%，从收益率和风险的角度如何筛选呢？

　　①从收益率角度看

　　单纯从收益率看，A 基金收益率 25% 明显高于 B 基金 20%，应该选择 A 基金。

　　②从风险的角度看

　　A 基金的标准差为 15%，说明这只基金的净值在一年内可能上涨 15%，也可能下跌 15%；B 基金的标准差为 10%，说明这只基金的净值在一年内可能上涨 10%，也可能下跌 10%。可以看到，A 基金的风险明显高于 B 基金。

　　根据标准差计算 A 基金和 B 基金每单位风险收益率如下：

　　A 基金：25%÷15%=1.67

　　B 基金：20%÷10%=2

　　经过计算可以看到，经过标准差风险因素调整后 B 基金明显更优于 A 基金，所以，综合收益和风险之后再进行考虑，投资者选择 B 基金更好，也更稳定。

　　需要注意的是，不同类型的基金标准差水平不同，例如，指数增强型基金标准差比指数基金大，所以，这样的比较没有任何意义，应该在同类型的指数基金中进行比较，选择标准差更小的基金，收益更稳定。

7.3.2　贝塔系数衡量基金风险

贝塔系数是一种比较常见的风险指数，经常用来衡量基金收益相对于业绩评价基准收益的总体波动性，是一个相对指标。贝塔系数越高，说明基金相对于业绩评价基准的波动性越大，风险也就越大。举例说明如下：

①基金的贝塔系数为 1 时，说明上证综指上涨 10%，基金上涨 10%；上证综指下跌 10%，基金下跌 10%。

②基金的贝塔系数为 1.1 时，说明上证综指上涨 10%，基金上涨 11%；上证综指下跌 10%，基金下跌 11%。

③基金的贝塔系数为 0.9 时，说明上证综指上涨 10%，基金上涨 9%；上证综指下跌 10%，基金下跌 9%。

可以看到，在同样的市场波动下，贝塔系数大于 1，基金的波动相对于大盘更大，说明此时基金的风险也更大；贝塔系数小于 1，说明基金波动相对于大盘更小，说明此时基金的风险更小。

但是，投资者在选择基金时不能单纯地选择贝塔系数小的基金，还应该结合市场来进行综合判断。如果市场当前处于上升的牛市，投资者可以选择贝塔系数更高的基金，收益更高；如果市场当前处于下跌的熊市，投资者则应该选择贝塔系数更低的基金，安全性更高。

贝塔系数是一个比较有特色的风险指标，有的基金平台可以查询得到，但有的平台却不提供，所以，投资者需要掌握贝塔系数的查询方法，这里介绍晨星基金网查询。

实例分析

晨星基金网查询贝塔系数

打开晨星基金网登录账号，进入晨星首页，在右侧搜索文本框中输入目标基金代码或名称，如图 7-4 所示。

图 7-4 查找目标基金

选择目标基金，进入基金信息详情页面，如图 7-5 所示。

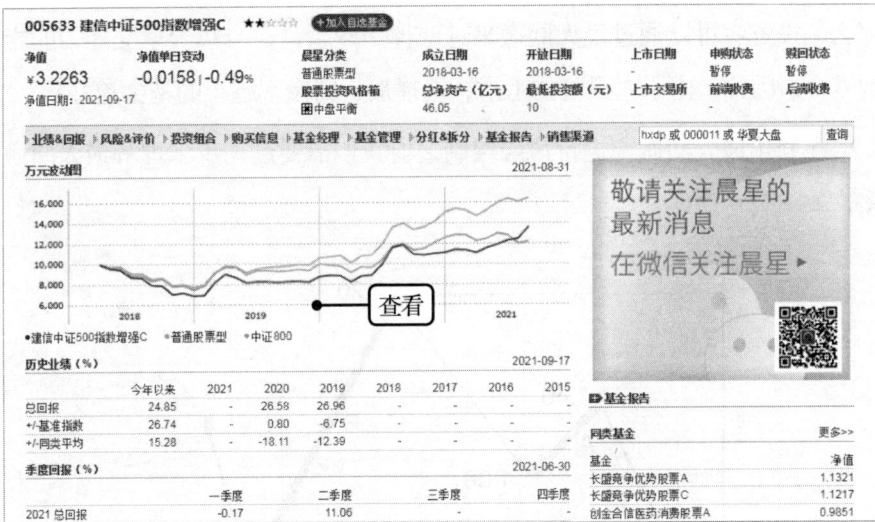

图 7-5 选择基金并进入基金详情页面

在当前页面中向下滑动鼠标，找到"风险统计"版块，便可查询贝塔系数，图 7-6 所示为该基金的贝塔系数。

图 7-6　查看贝塔系数

7.3.3　最大回撤预估基金可能出现的最大亏损

最大回撤也是衡量基金风险程度的一个重要指标，也可以理解为基金投资可能出现的最大亏损，即用最大亏损来描述买进基金后可能会出现的最糟状况，如果该情况是投资者无法承受的，超出了投资者的心理预期，那么，投资者可以通过最大回撤来过滤掉一些超过自身风险承受能力的指数基金。因此，出于对风险的考虑，选择最大回撤率越小的基金越好。

在利用最大回撤率进行风险控制之前我们需要进一步来理解最大回撤率，如图 7-7 所示。

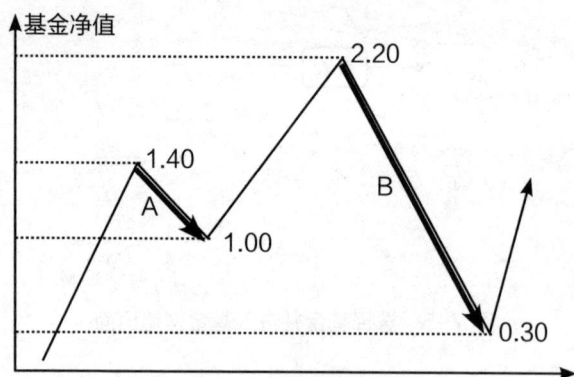

图 7-7　最大回撤率

从上图可以看到，图中出现两次回撤，A 段和 B 段，两次回撤的回撤率计算如下：

A：（1.40−1.00）÷1.40=28.6%

B：（2.2−0.3）÷2.2=86.4%

所以，该只基金的最大回撤率为 86.4%。

在理解了最大回撤率之后，投资者还要清楚为什么我们要选择最大回撤率小的基金。下面我们以一个例子来进行比较分析。

实例分析

基金最大回撤对比分析

图 7-8 所示为两只基金 A、B 同一时间段内的基金净值走势。

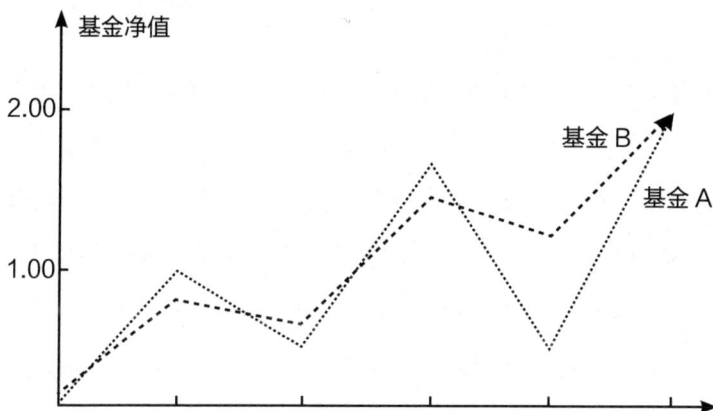

图 7-8　基金净值走势

从图中可以看到，虽然基金 A 和基金 B 的基金净值最终都上涨至 2.00 元，但是基金 A 的最大回撤率更大，波动幅度更大，走势更凶猛；而基金 B 同样上涨至 2.00 元，它的最大回撤率却更小，波动幅度更小，走势也更平稳。因此，从这一段时间的走势来看，基金 B 的风控能力明显更优于 A 基金，选择 B 基金投资风险更低。

另外，我们知道涨跌具有不对称性，一只基金下跌得越深，它涨回来受到的阻力就更大，投资解套也就越困难。例如，一只基金下跌 10%，投资者解套则需要 11% 的涨幅；如果基金下跌 20%，投资者解套则需要 25%

的涨幅。以此类推，基金的跌幅越大，投资者回本的难度也就越大。因此，在同类基金中最大回撤率小的基金，抗跌性更强。

7.3.4　收益与风险综合考虑指标夏普比率

夏普比率也被称为夏普指数，它是基金绩效评价标准化指标，它可以同时对收益与风险进行综合考虑。夏普比率主要是用来判断基金收益和风险之间的关系，即每多承受一单位的风险会多产生多少超额回报。夏普比率的计算公式如下：

夏普比率 =（投资组合预期报酬率 − 无风险收益率）÷ 投资组合的标准差

对于夏普比率，我们可以这样来理解，即基金的性价比。我们在消费购物时都希望能够买到质量又好、价格又实惠的产品，同样地，在基金投资中，投资者也希望能够买到收益率又高，风险又低的基金。所以，我们就将风险低、收益高的基金称为性价比更高的基金，而夏普比率就是这样一个帮助我们从性价比的角度筛选基金的指标。

夏普比率表示的是投资者每多承担一份风险，可以收回的收益。因此，夏普比率的数值越高越能证明这只基金是风险低、收益高的好基金。反之，如果夏普比率很小甚至为负，说明承担一定的风险所获的超额回报很小或者没有超额回报，基金风险较高、收益却很低。

因此，基金夏普比率越高对投资者来说就越有利。一般情况下，只要基金夏普比率为正数，就说明基金报酬率高过波动风险，但是在实际投资中，夏普比率超过 1 的基金极为少见，因此，有投资价值的基金夏普比率一般在 0 ~ 1。

另外，投资者需要注意的是，当基金预期收益为负时，夏普比率也为负，在这种情况下，某些风险更大的基金其夏普比率可能会更高。因此，当基金预期收益为负时，基金夏普比率并不能准确反映基金的风险系数。

7.4　指数基金投资误区不要踩

指数基金运作透明、投资简单，是众所周知的省心基金产品，但即便是指数基金投资，投资同一只指数基金，也存在有的投资者赚了，而有的投资者却亏了的情况。究其原因，在于有的投资者单纯地认为指数基金投资简单，以至于进入投资误区之中，结果不仅不能赚取收益，还使自己遭受损失。因此，投资者有必要在投资之前了解一下指数基金投资中的一些常见误区。

7.4.1　指数基金短线操作

从指数基金投资的时间周期来看可以分为短线操作和长线操作，不同的操盘方式带来的投资回报是截然不同的。那为什么又说短线操作是指数投资的一个误区呢？

首先，要理解清楚短线与长线之间的区别。短线操作也被称为波段操作，它是指投资者利用基金净值波动运行时形成的价格差异，在低位买进，在高位卖出，获得价差收益。而长线操作则是以一定的盈利预期目标进行操作，坚持长期持有，在最终的卖出操作之前除了基金定投之外，其间不会有任何的卖出行为。

可以看到，虽然两种投资方式都可以获利，但是两种投资策略的核心不同。从长线操作的角度看，其投资方式比较简单，以持有为主，不需要对市场进行过多的择时和择机分析，对短期内的波动不做过多的关注，只需要盯住自己的指数基金净值即可。

而短线操作则不同，它需要投资者准确地抓住每一个可能获利的上涨波段，对投资者的个人投资能力的要求比较高，不仅需要目标基金的净值走势变化，还要对整个市场是否能够继续上涨进行分析，最终结合种种迹象和分析做出买入和卖出决策。

从投资方式获利的角度来看，无论是短线还是长线，都能为指数基金投资带来收益空间，但进一步分析却可以发现指数基金并不适合短线，具体原因如下：

①频繁交易，增加手续费用，增加投资成本。在短线操作中，投资者必然会频繁做买进卖出操作，交易的次数越多，交易产生的手续费用越高。此外，在基金的赎回中基金的赎回费率高低与持有的时间直接相关，持有的时间越长，费率越低。投资者为了能够抓住波段机会实现短线，甚至超短线，持有的时间会较短，所以，需要承担较高的赎回费率。因此，短线操作可能获得的波段收益也有可能都花在了交易费用上。

②基金投资的时效性较差，不适合做短线。短线交易比较常出现在股市之中，因为股市投资支持实时交易，投资者一旦发现机会则可以立即操作买进 / 卖出。但是基金不同，以交易日当天的 15:00 为节点，15:00 之前的以当日净值进行申购 / 赎回，在 15:00 之后的以第二日基金净值进行申购 / 赎回。同时，大部分基金 T 日买进，T+1 日才能确认份额，T+2 日才会产生收益，赎回也需要至少两个工作日才能到账。这样的交易方式对短线操作来说并不合适。

③指数基金中选择的股票是被动选择的，它是在市场中表现最好、流动性最好的股票池中进行选股，目的在于追求市场中的更稳定的平均收益。这样被动的投资方式使得指数基金波动幅度比股票更小，风险更低，但是这样的波动走势却不利于短线。短线操作最为主要的就是利用波动幅度差，只有波动的幅度越大，价格差异越大，投资者的获利空间才能越大，而平

稳的波动走势并不能为投资者带来较好的投资机会和较大的获利空间。

需要注意的是，指数基金中个别基金也比较适合短线，例如前面介绍的 ETF，因为它可以在一级市场交易，同时也能在二级市场做 T+0 交易，所以，这些不利因素并不会对它产生影响。

综上所述，大部分的指数基金更适合长线投资的交易方式，短线投资更可能让投资者遭受损失，投资者在指数基金投资时应优选长线投资。

7.4.2　被动投资就可以不管不顾

很多人对指数基金的印象还停留在"无脑定投，轻松躺赢"上，但事实上呢？如果投资者真的这么做了，可能会陷入另一个指数基金投资误区之中。

指数基金被动投资只是对于基金经理管理而言，作为投资者还是要对指数基金做一些基本的管理。虽然定投不考虑择时与择机的问题，但是我们还是需要审视基金的健康问题，如果基金本身出现问题，投资者则需要尽早考虑及时止损，避免损失惨重，尤其是投资一些窄基指数时。

宽基指数为成分股覆盖面较广，跨市场、跨行业、跨板块的指数，而窄基指数为特定的一些策略类、风格类、行业类及主题类的指数，所以，窄基指数的轮动速度更快，受到单个行业或单个主题景气度影响较大，投资者在选择窄基做定投时更要注意及时止损。

虽然指数基金投资以长期为主，不要过多关注短期波动，但是长期持有并不代表不管不顾，投资者需要对持有的时间及目标收益有一定的规划，否则只是持有并不能真正获利。

此外，投资者还需要有一个清楚的认知，即并不是持有的时间越长，获得的收益就越大。因为市场永远处于牛市熊市的轮动变化之中，投资者的定投时间以经历一个牛熊周期为好，如 3～5 年或 5～7 年，这样能最大限度地分摊成本，提高收益。但如果投资者持有的时间过长，市场进入新一轮轮动，之前的收益也可能被吃掉，这显然得不偿失。因此，投资者定投需要关注市场变化，及时止盈，了结获利。

7.4.3　组合投资基金同质化严重

在基金组合投资中，我们提到过不要将鸡蛋放在同一个篮子里，通过分散投资、组合投资的方式降低投资风险。但在实际投资中，尽管很多投资者做了组合分散投资，但却没有真正起到降低风险的作用，这是因为他们陷入了基金同质化的误区。

基金同质化是指投资者的基金组合中，虽然持有不同的多只基金，但是基金的投资对象、投资风格、投资策略及持仓比例等都非常类似。这样一来，即便投资者持有多只基金，也并没有真正起到分散投资风险的目的，下面以一个实例进行介绍。

实例分析

基金组合同质化分析

图 7-9 和图 7-10 所示为某投资者购买的华夏中证 500 ETF 联接 A、南方中证 500 ETF 及广发中证 500 ETF 的业绩表现和收益走势。

从下图可以看到，三只基金的短期收益阶段表现和长期收益阶段表现差别并不大。而在收益走势中，三只基金同涨同跌，走势雷同，差异幅度较小。

虽然投资者从多个平台购买了不同基金公司的指数基金，但是这些基金都是以跟踪中证 500 指数为标的的指数基金，所以，看似分散投资，但实际上鸡蛋还是在同一个篮子里。这些基金仍然同涨同跌，并没有真正起到分散风险的作用。

阶段收益	001052 区 华夏中证500	510500 区 南方中证500	510510 区 广发中证500
成立日期	2015-05-05	2013-02-06	2013-04-11
今年来	17.83%	18.70%	19.27%
近1周	-1.72%	-1.83%	-1.79%
近1月	7.26%	7.75%	7.67%
近3月	10.73%	11.35%	11.21%
近6月	18.83%	19.80%	20.00%
近1年	18.75%	19.65%	19.93%
近2年	45.69%	48.90%	49.07%
近3年	59.24%	63.81%	63.89%
近5年	24.70%	25.27%	26.47%
成立来	-16.08%	134.76%	122.20%

图 7-9 三只基金业绩表现

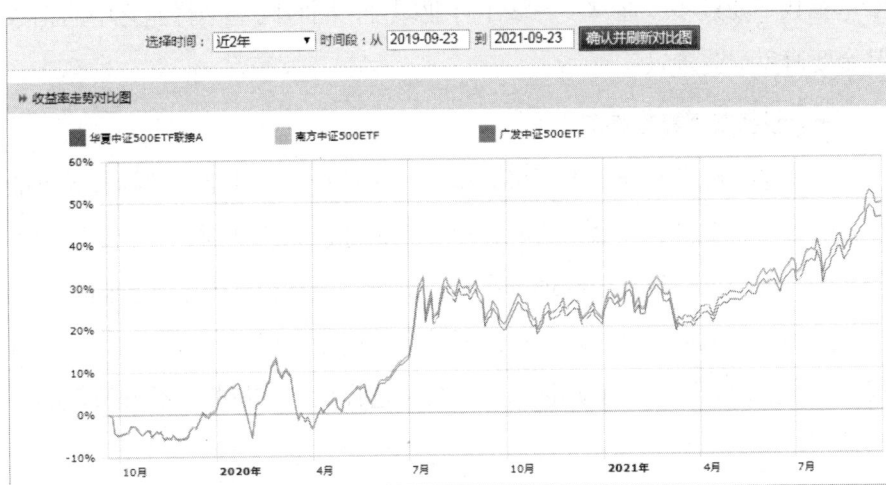

图 7-10 基金收益率走势比较

想要降低投资风险，投资者在基金组合投资中一定要注意规避基金同质化，具体操作方式有以下一些：

◆ 根据风险程度搭建组合

搭建基金组合时从不同基金类型的风险入手，可以用如下所示的一些基金搭配方式。

①风格激进的基金 + 风格保守的基金。

②风格激进的基金 + 风格稳健的基金。

③风格稳健的基金 + 风格保守的基金。

④风格激进的基金 + 风格保守的基金 + 风格稳健的基金。

◆ 根据基金的行业主题搭配

在窄基指数中，不同行业或主题有不同的指数基金，投资者从行业主题或策略的角度进行搭配，不容易出现基金同质化现象，例如，军工类基金、消费类基金、医药类基金、农业类基金组合搭配。需要注意的是，选择的窄基指数不要过多，通常 1 ～ 2 个行业即可，同时同一个行业之中的指数基金要避免配置多只。

◆ 根据基金经理搭配

一位基金经理可能管理了多只基金，尤其是指数基金管理的数量可能更多。投资者在搭建基金组合时，要有意识地避免选择同一基金经理的多只基金。因为每一位基金经理都有自己的操盘风格，尽管是在不同的基金中，这种投资风格也会出现，而这显然会使基金出现同质化。如果投资者仅从基金业绩表现的角度筛选，极有可能选择到同一位基金经理管理的多只基金。

基金组合中最忌讳的就是投资者所选基金产品及类型的同质化。如果一个基金组合中的同质化基金产品较多，则不但不能回避风险，还会从一定程度上增加新的风险。所以，投资者在搭建基金组合时要有意识地规避这一问题。

7.4.4　定投只选沪深 300

对于沪深 300 指数我们并不陌生，前面也多次提到过，沪深 300 指数的股票对应的都是在各个行业领域中优质的企业，股市流通性、企业盈利能力、成长性和股票分红都是比较好的，而且会随时根据股票的具体表现进行调整，将表现不佳的股票剔除。毫无疑问，沪深 300 指数确实是当前国内市场上影响力非常大的一个指数，也是非常具有代表性的一个指数。

正是基于这一原因，使得很多指数基金投资者，尤其是新手投资者，他们在基金定投时只选沪深 300。要知道虽然国内指数品种相比国外较少，但是仍然不乏许多优质的指数基金产品可供投资者选择，具体如下：

（1）宽基指数

首先介绍市场中的一些优秀的宽基指数，例如中证 500。

中证 500 是 A 股中剔除沪深 300 指数成分股及总市值排名前 300 名的股票后，由总市值排名靠前的 500 只股票组成，综合反映中国 A 股市场中一批中小市值公司的股票价格涨跌表现。图 7-11 所示为指数行业分布。

图 7-11　指数行业分布

从图中可以看到，中证 500 指数行业分布分散，其中医药卫生、信息技术、消费、工业及原材料等长期热门行业份额占比较重，相比沪深 300

指数来说行业更分散，跟踪范围更广，潜力也更大。

（2）窄基指数

除了宽基指数外，窄基指数中也不乏许多优秀的指数基金产品，例如，行业指数和策略指数。国内的行业指数包罗万象，涵盖多个行业领域，例如，中证新能源、全指医药、全指消费和中证科技等。而策略指数是一类非主流指数，不以市值加权，而是以不同的策略加权，比如红利指数、基本面指数。

这些指数都具有不同的特点和风格，能够满足投资者不同的投资需求，所以，投资者在投资时除了考虑沪深 300 之外，还可以将眼光放得长远一点，关注一些其他同样优秀的指数基金产品。